16	3	2	13
5	10	11	8
9	6	7	12
4	15	14	1

Cet ouvrage, publié dans le cadre du Programme d'Aide
à la Publication 2012 Carlos Drummond de Andrade
de la Médiathèque de la Maison de France, bénéficie du soutien
du Ministère français des Affaires Etrangères et Européennes.

Este livro, publicado no âmbito do Programa de Apoio
à Publicação 2012 Carlos Drummond de Andrade
da Mediateca da Maison de France, contou com o apoio
do Ministério francês das Relações Exteriores e Europeias.

Michèle Petit

LEITURAS:
DO ESPAÇO ÍNTIMO
AO ESPAÇO PÚBLICO

Tradução
Celina Olga de Souza

editora 34

EDITORA 34

Editora 34 Ltda.
Rua Hungria, 592 Jardim Europa CEP 01455-000
São Paulo - SP Brasil Tel/Fax (11) 3811-6777 www.editora34.com.br

Copyright © Editora 34 Ltda. (edição brasileira), 2013
Lectures: de l'espace intime à l'espace public © Michèle Petit, 2013

A FOTOCÓPIA DE QUALQUER FOLHA DESTE LIVRO É ILEGAL E CONFIGURA UMA
APROPRIAÇÃO INDEVIDA DOS DIREITOS INTELECTUAIS E PATRIMONIAIS DO AUTOR.

Título original:
Lectures: de l'espace intime à l'espace public

Imagem da capa:
A partir de gravura de Natyara Tavares, do Grupo Xiloceasa, São Paulo

Capa, projeto gráfico e editoração eletrônica:
Bracher & Malta Produção Gráfica

Revisão:
Fabrício Corsaletti, Camila Boldrini, Nina Schipper

1ª Edição - 2013 (1ª Reimpressão - 2021)

CIP - Brasil. Catalogação-na-Fonte
(Sindicato Nacional dos Editores de Livros, RJ, Brasil)

	Petit, Michèle
P228l	Leituras: do espaço íntimo ao espaço
	público / Michèle Petit; tradução de Celina Olga
	de Souza. — São Paulo: Editora 34, 2013
	(1ª Edição).
	168 p.

Tradução de: Lectures:
de l'espace intime à l'espace public

ISBN 978-85-7326-536-1

1. Leitura - Jovens. 2. Educação -
Acesso à leitura. I. Souza, Celina Olga de.
II. Título.

CDD - 372.4

LEITURAS:
DO ESPAÇO ÍNTIMO
AO ESPAÇO PÚBLICO

À guisa de prólogo:
Nunca irei à América Latina! 7

1. Os leitores não deixam de nos surpreender 21

2. "Construir" leitores! 31

3. Leitura de obras literárias
e construção de si mesmo 39
   Elaborar um espaço próprio 40
   Identificação? 43
   "Um lugar de perdição" 49
   A transição para outras formas
     de vínculo social 54
   Leitura para si mesmo e leitura escolar:
     uma contradição irremediável? 57

4. A leitura reparadora 65
   Elaborar um espaço privado 66
   A dimensão reparadora da leitura 68
   Carlota e *O pássaro azul* 70
   Thomas Bernhard e *Os demônios* 73
   "Somos uma espécie dominada pelo relato" 77

5. A cultura se rouba:
montagem de "fragmentos escolhidos" 83
   Recortar e colar 86
   Pega ladrão! 91
   Prazeres roubados 94
   Roubar uma imagem, uma voz 96

6. Do espaço íntimo ao espaço público 101

Leituras do dia e da noite 103

O espaço do íntimo 106

Elaborar a própria história 109

Direitos culturais 113

Proibições e paradoxos 115

A leitora 117

7. Apologia do encontro 123

"Depois de tudo havia algo mais..." 123

Zarpar 130

A distância e a interioridade 134

Ulisses, Calipso e as famílias reconstituídas 136

Fecundidade do encontro 139

O medo das mesclas 142

O direito à metáfora 144

8. De Pato Donald a Thomas Bernhard:
autobiografia de uma leitora
nascida em Paris nos anos do pós-guerra 147

À GUISA DE PRÓLOGO:
NUNCA IREI À AMÉRICA LATINA!

para Daniel

Um dia de junho de 1940, um rapaz de dezoito anos montou em sua bicicleta, deixou Paris o mais rápido que pôde e precipitou-se para o sul da França. O exército alemão acabava de invadir o norte do país. Como ele, milhões de pessoas fugiam pelas estradas, levando consigo o que podiam.

O jovem parou em Rodez, um lugarejo do centro-oeste. Informou-se sobre a possibilidade de ali fazer seu exame de *baccalauréat*.[1] Dormiu em um banco público. Depois, montou novamente em sua bicicleta e pedalou até uma fazenda onde lhe haviam dito que poderia dormir em um celeiro. Ali passou o verão. No celeiro vivia um grupo de refugiados políticos espanhóis. Juntos ceifaram o feno, cantaram canções da república espanhola, apaixonaram-se pelas filhas do fazendeiro. Os espanhóis aprenderam francês; o francês, espanhol.

O jovem viria a ser meu pai. Se ele não tivesse dormido nesse celeiro, talvez não tivesse aprendido espanhol e provavelmente eu nunca teria ido à América Latina.

Nas conferências aqui reunidas fiz a apologia do encontro. No início de minha história com a América Latina houve, portanto, o encontro desse rapaz que fugia do nazismo com outros jovens que fugiam do franquismo. Desse período

---

[1] *Baccalauréat*: exame para ingresso na universidade realizado no final do terceiro ano do ensino médio. (N. da T.)

À guisa de prólogo

meu pai conservou alguns amigos por toda a vida, uma guitarra decorada com listras com as cores da Espanha republicana e uma familiaridade com o castelhano que fez com que um dia, bem mais tarde, lhe propusessem partir para a América Latina para dar aulas de matemática em um centro universitário.

"Nunca! Vocês me ouviram bem? Nunca! Vocês terão de me amarrar e me levar à força ao aeroporto!"

Eu tinha treze anos. Acabavam de me comunicar que iríamos viver na Colômbia por tempo indeterminado. Nesses casos, não se leva muito em conta a opinião das crianças. Não se preocuparam se estavam me arrancando de amores, amizades, trajetos que gostava de percorrer, objetos que eu havia colocado em meu quarto e que velavam meu sono. Dois meses mais tarde entreguei as armas sem que tivessem de me amarrar. Subi no avião levando em meu bolso um minúsculo ursinho de pelúcia que não encontrei mais ao chegar: minha infância havia ficado para trás.

O início de minha história com a América Latina foi marcado portanto por uma rejeição indiscutível. Ao longo de toda a minha vida, às muitas coisas que me foram oferecidas, respondi em um primeiro momento com um "não" categórico. Foi inclusive pelo vigor deste "não" que aprendi, com o tempo, a perceber que o assunto não estava tão claro e que talvez eu dissesse "não" para poder dizer "sim". Certamente é uma grande novidade descobrir um país, um ser. Ou um livro. Porque no fundo, tudo isso é a mesma coisa: a viagem, o amor, a leitura; uma mesma aventura em que nossa paisagem interior se transforma.

Rejeitei a América Latina com todo meu ser, mas ela me deu muito. Não é o lugar para dizer isso: mencionarei apenas uma ou duas lembranças que não deixam de ter relação com o objeto deste livro.

Duas vezes por semana, minha mãe sentava-se à sua mesa e escrevia longas cartas para a família. Nelas contava como eram o pátio do hotel de Pacho e o pássaro que cantava, os cavalos que nos levavam em passeio pelos Andes, as cores das orquídeas, os laranjais, as casas rurais sem chaminé e a fumaça que escapava pelo telhado, as formigas atravessando o caminho sob grandes folhas triangulares, as bananeiras, as galerias de um azul esmaecido do teatro Colón, e Bogotá de noite, os meninos que dormiam amontoados, envoltos em jornais sob os pórticos, o supermercado — que ainda não existia na Europa —, a vassoura de giesta verde do varredor entre as barracas do pequeno mercado de frutas. Mil coisas. Antes que ela enviasse as cartas, eu as lia, como quem não quer nada. Descobria tudo o que eu não havia visto, apesar de ter percorrido os mesmos bairros, as mesmas paisagens que ela. Presa a meus tormentos sentimentais, existenciais e de como me vestir, só tinha olhos para mim mesma.

Um país produz belas histórias, e as histórias de minha mãe me revelavam esse país. Quando eu as lia, um mundo cheio de detalhes surgia no caminho pelo qual eu avançava. Nos dias seguintes observei: é verdade, há laranjeiras; casas das quais escapa fumaça; formigas que atravessam o caminho; faltam tampas de bueiro nas ruas.

Habituei-me e logo comecei a observar por conta própria. Comecei também a gostar de fazer minhas pequenas reportagens. Eu as concebia nas tarefas de geografia que entregava a um professor atento, o que talvez tenha contribuído para meu destino de antropóloga. Relato isso na "autobiografia de leitora" que figura no final deste livro, onde também falo do prazer que sentia ao fazer minhas primeiras pesquisas em uma biblioteca em meio às plantas tropicais. E evoquei a Aliança Colombo-Francesa de Bogotá, sobre a qual gostaria de me estender um pouco.

Três semanas após nossa chegada, meu pai, que era de natureza empreendedora, havia organizado ali um cineclube, nas suas horas vagas. Depois propôs encarregar-se da iluminação para o grupo de teatro, enquanto minha mãe serviria

À guisa de prólogo

de ponto para os atores ou desenharia seus figurinos. Única criança do grupo, eu ficava ali, várias noites por semana, enquanto os adultos — jovens colombianos, alguns franceses e três uruguaios — brincavam com a cultura. Ficava entediada, mascava chiclete e assistia aos ensaios com um vago sentimento de exclusão. Como crescer demora!

Logo tive a oportunidade de sair de minha marginalidade, dessa posição enervante de relativa invisibilidade. Uma noite, quando a companhia iniciava a preparação de uma nova peça para o festival internacional de teatro, uma jovem faltou ao ensaio. O diretor, irritado, caminhando de um lado para outro, de repente se deu conta da minha existência; ele, cujo olhar vagava por todos sem jamais se deter nem um instante em mim, pediu-me que ensaiasse com os outros para que estes não perdessem tempo. Eu conhecia bem a peça, a havia visto na França, na televisão. Impostei a voz, empenhei-me. Ele riu. Olhou-me, surpreso. Descobriu-me, como eu havia descoberto as orquídeas, as bananeiras. Olhou para os demais. Murmuraram entre si. Três dias mais tarde, o papel era meu.

Fui então contratada. Meu nome figuraria no programa. Desenhariam um figurino especialmente para mim. Deram-me tanta importância quanto aos outros.

Porém, a recíproca não era verdadeira: eu tinha mais interesse em mim mesma que nos outros. Nas noites em que ensaiavam cenas das quais eu não participava, adotei o hábito de pedir emprestadas as chaves dos armários envidraçados da biblioteca. Nessa época, nas bibliotecas francesas, não era permitido bisbilhotar livremente. Sempre havia alguém que se interpunha entre você e os livros, ainda mais se você fosse menor de idade. Mas eu era da casa, tinham confiança em mim: davam-me as chaves, esqueciam-me. E eu investigava, pegava vários livros, folheava-os. Refestelada no chão entre duas poltronas, eu lia. Se chegava o momento de ir embora e eu ainda não tivesse terminado o livro, levava-o para casa e devolvia-o duas noites mais tarde. Em alguns meses, li todo o teatro que pude encontrar ali, de todas as épocas. E alguns romances. A bibliotecária admirava o fato de eu me interessar pelas obras da alta cultura. Não era exatamente isso: na verdade eu procurava um papel, um papel em que me enquadrasse. Experimentei papéis como se experimenta chapéus, tentava adaptar para mim um personagem, outro; fazia meu pequeno teatro. Procurava especialmente, com paixão, uma peça que me permitisse, em cena, encontrar-me enfim nos braços daquele por quem eu estava apaixonada, que mudava no decorrer dos meses.

Ao chegar o verão, durante duas noites seguidas representamos, diante de mais de mil pessoas no teatro Colón, a peça que havíamos ensaiado. Estava morta de medo, mas descobri o prazer do público, a alegria de ouvi-lo rir com minhas falas. Naqueles momentos sonhei em me tornar atriz. Nunca me permiti confessá-lo nos anos que se seguiram, quando voltei para uma vida muito mais cinzenta, na Europa. Por uma ironia do destino — ou mais pelas artimanhas do desejo — reeencontro esse prazer, e esse medo, por caminhos indiretos, toda vez que faço uma conferência.

Tinha catorze, quinze anos. Acredito que tenha ficado claro, mesmo que eu não tenha dito uma palavra do essencial: na Colômbia, vivi intensamente.

Um dia, tive de voltar. Naquela tarde, no avião, nem sequer tive tempo de entender. Somente ao voltar a Bogotá, quase quarenta anos mais tarde, soube o quanto essa partida havia sido um desarraigamento, quantos anos foram necessários para eu me recuperar.

Quando, aos dezoito anos, estudante, comecei a viajar, fui para a Espanha. Reencontrei as cidades coloniais nas comunidades de Castela e da Andaluzia: para mim não foi a América que se hispanizou, mas sim a Espanha que se americanizou.

À guisa de prólogo

Busquei uma terra de adoção, percorri o Mediterrâneo. E encontrei as ilhas gregas do mar Egeu, que desde então têm me acolhido todos os anos. Esqueci-me da América. Entretanto, num verão dos anos 1970 voltei para lá, desta vez para o México e a Guatemala. No México, achei que iria morrer de infarto. Um médico de bairro me examinou gentilmente e me receitou um calmante.

Estava claro: teria de deixar tudo isso para trás. Nunca mais voltaria a atravessar o Atlântico. A América Latina continuaria sendo familiar para mim: na Europa viviam várias pessoas que haviam percorrido comigo os Andes ou o palco do teatro Colón. Mas nunca falava com eles em espanhol — eu o enterrei sob outras línguas. A ponto de hoje, para falá-lo, eu precisar refazer a viagem em sentido contrário: passar pelo grego moderno e traduzir simultaneamente as palavras para o castelhano.

Passaram-se os anos, e algumas vidas. Em uma noite de outono de 1997, em Paris, Geneviève Patte telefonou-me para contar que havia acabado de chegar do México, onde havia dado um seminário sobre a leitura, e que havia sugerido que me convidassem para o ano seguinte. Tive vontade de gritar: "Nunca! Vocês me ouviram bem? Nunca! Vocês terão de me amarrar e me levar à força ao aeroporto!".

Naturalmente, alguns meses depois parti para o México, após semanas de angústia com a perspectiva da viagem. Cabe lembrar que sempre tive uma relação muito ambivalente com as viagens: não há nada que eu goste mais no mundo e nada que me provoque mais medo. Somos uns seres curiosos.

No México encontrei ouvintes generosos, atentos. Contei-lhes o que havia aprendido escutando as pessoas falarem de suas leituras no campo, na França, ou nos bairros marginalizados. Estava preocupada: essas histórias de leitores cujos pais haviam vindo da África, do Magreb, da Ásia, e que viviam nas periferias das cidades francesas poderiam atravessar o Atlântico? O que me parecera uma dificuldade resultou, acredito, na chave do sucesso: foi justamente porque meus ouvintes estavam nesse trabalho de transposição, de deslocamento, cuja importância ressaltei ao longo das conferências aqui reunidas, que eles se apropriaram de minhas pesquisas.

E acontecia também de cada um se remeter à sua própria experiência. À noite, alguns participantes me confiavam a lembrança de uma leitura que havia sido importante para eles, outros me ofereciam livros para me fazer conhecer sua região e me falavam de seu trabalho em Veracruz, Guadalajara, Acapulco, Monterrey, Chiapas... Muito mais que o turismo, onde se desliza na superfície, a viagem profissional permite, às vezes, se sentir dentro do corpo de um país.

Também fiz alguns passeios. Deles ficaram algumas vinhetas coloridas, melhores que qualquer fotografia. Os beija-flores verdes no pátio do hotel. Os jogadores de xadrez nos jardins públicos. Homens alinhados ao longo de toda a catedral, esperando que alguém lhes desse trabalho, com um cartaz a seus pés indicando sua especialidade. No Zócalo, um menino muito pequeno, sentado com a cabeça inclinada, empurrando com a mão um minúsculo trem de plástico. Os redatores de cartas, suas antigas máquinas de escrever. Uma mulher de idade, no meio dos carros, exibindo um grande esqueleto feito de papel branco. Outra, no mercado, oferecendo em sua banca umas quinze frutas vermelhas com as quais formou duas pirâmides. Em Tepotzlan, borboletas brancas tão grandes que no início as confundi com pombas.

As conferências desse seminário se transformaram em livro, graças a Daniel Goldin.[2] Nos meses posteriores à sua publicação, de vez em quando Daniel me transmitia cartas

---

[2] Michèle Petit, *Nuevos acercamientos a los jóvenes y la lectura*, México, Fondo de Cultura Económica, 1999 (ed. brasileira: *Os jovens e a leitura: uma nova perspectiva*, São Paulo, Editora 34, 2008).

À guisa de prólogo

de leitores de diferentes países que o agradeciam por tê-lo publicado. Talvez a que mais me comoveu tenha sido a de uma bibliotecária de Medellín: ela lhe dizia como havia re-encontrado coragem ao me ler. Eu recuperava um vínculo com esse país que havia perdido. Daniel me informou também que planejavam uma edição especial do livro, para fazer parte da "biblioteca para a atualização do professor" da Secretaria de Educação Pública do México.

Avisou-me que em breve eu seria convidada para ir à Argentina (na primavera de 2000). Eu estava familiarizada com o Rio da Prata desde a adolescência, desde os anos colombianos em que nossos amigos mais próximos nos descreviam muitas vezes as ruas de Buenos Aires ou de Montevidéu. Além do mais, era "o país mais psicanalisado do mundo": todos os ingredientes para me agradar. Passei várias semanas redigindo seis das conferências aqui reunidas. Nelas retomo alguns temas que já havia abordado durante o seminário do México, porém procuro levá-las mais longe. Alguns aspectos de uma conferência voltam a aparecer parcialmente em outra: elas remetem implicitamente umas às outras. E formam, assim o espero, um conjunto sobre este espaço da leitura, seu papel na descoberta, na construção, na reconstrução de si mesmo e na invenção de outras formas de compartilhar que não as que nos oprimem ou nos restringem.

Gostei de Buenos Aires, onde tudo é tão grande, os *palos borrachos*[3] de flores cor-de-rosa, o rio, as avenidas, mais largas que as do México, os edifícios, tão parecidos com os parisienses, mas duas vezes mais altos: uma cidade de gigantes. Até o barco escola é maior que em outros lugares. No final de alguns dias pensei que poderia viver nessa cidade. Fui

---

[3] *Palos borrachos*: árvore pertencente ao gênero *Ceiba*, conhecida no Brasil como paineira. (N. da T.)

embora levando comigo a gentileza, a simplicidade dos que me acolheram. E, outra vez, algumas vinhetas. A imagem dessas pessoas de todas as idades, de todos os meios sociais, que esperavam muito tempo para entrar na Feira do Livro (enquanto, no meu país, essas feiras são uma diversão de burgueses boêmios ou das classes médias cultas). Na Praça de Maio, as Avós passeando com seus netos em um dia chuvoso, carregando a memória desse país; no chão, silhuetas brancas semiapagadas. Uma manhã, em um seminário onde falei da "leitura reparadora", uma mulher evocou os relatos dos desaparecidos que sobreviveram, os prisioneiros que confortavam uma companheira louca de dor contando-lhe histórias; e um homem se lembrou da história que havia lido para sua filha, uma noite, antes que fosse submetida a uma grave cirurgia.

Pensei em tudo isso ao sobrevoar a Amazônia completamente escura, com apenas alguns clarões de quando em quando. E também em como são incríveis esses voos transcontinentais sem escalas: durante a noite se passa por cima de Brasília, e de manhã sobre a velha Europa e seus campos semelhantes a mosaicos.

Havia um país ao qual sempre disse que nunca voltaria: o país em que vivi. Tinha muito medo de me transformar em estátua de sal, como a mulher de Ló, quando olhou para trás. Um dia, recebi uma correspondência de Silvia Castrillón convidando-me para ir a Cartagena para o Congresso Mundial de IBYY [International Board on Books for Young People], em setembro de 2000. Aceitei, sem pensar. Um mês antes de partir tive meus caprichos de estrela: não queria ficar em Bogotá, nem por uma hora sequer, não queria chegar de noite, não, não... Silvia e Constanza se curvaram com uma paciência de anjo. Como elas poderiam entender que, mais que todos os sicários, eu temia que a noite fosse propícia ao retorno dos fantasmas do passado?

À guisa de prólogo

Uma manhã, desembarquei em Bogotá, cidade que eu havia deixado trinta e nove anos antes. O voo para Cartagena partia somente no final da tarde. María Clemencia levou-nos para um passeio de carro. Não esperava outra coisa.

Eu devorava as ruas com os olhos: cada rua, cada casa, cada rosto. Quanto mais o carro avançava, mais eu cerrava os dentes. Antes de partir, pensei que não reconheceria nada. E reencontrei tudo. Encontrei novamente a montanha — tão perto —, cuja força havia esquecido. A natureza entre as casas, um homem puxando seu cavalo, um campo a três ruas da Candelária. Evidentemente, havia casas mais coloridas que no passado, novas avenidas, próximas a Montserrate, monumentos restaurados. Pouco importa! Voltei a sentir o aroma, esse aroma tão particular. Os cachorros que vagueiam, as ruas esburacadas, as árvores esquecidas, as *tiendas* nas esquinas das ruas. Não havia mais os *gamines*, esse bando da Séptima que havia adotado um bebê e lhe preparado um berço numa caixa de papelão. Alguns meses mais tarde, tiveram de fazer uns furos porque os pés do bebê já não cabiam mais. Mas havia as pessoas, nos semáforos, com os rostos destruídos e cartazes pendurados nos pescoços, onde explicavam que haviam sido deslocados, banidos pela guerra. Jovens com bonés, como em todos os países do mundo. E, de repente, inacreditável, o pequeno imóvel, antes ocupado pela Aliança Colombo-Francesa, ainda de pé e, em frente, o grande cinema onde assisti a tantos filmes, e até a um concerto de rock de Bill Haley. Agora era eu quem explicava a minhas colegas por onde íamos passar: a *plaza de toros*, o parque, o Tequendama. Era eu quem pedia que fizéssemos um desvio pelo Chapinero, e que guiava. E, em uma casa, apenas este anúncio: "Vende-se".

Compreendi quanto havia amado este país. Como me entristecia seu estado atual. Estive também em Cartagena, onde passeei como se estivesse em casa. Todas essas pessoas no Congresso, sua gentileza, e sua beleza também: lembrei-me da força de minhas paixões de adolescente. Essas pessoas que me fizeram compreender que quanto mais difícil é o contexto, quanto mais é violento, mais é vital manter espaços de respiro, de sonho, de pensamento, de humanidade. Espaços abertos para outra coisa, relatos de outros lugares, lendas ou ciências. Espaços onde voltar às fontes, onde manter a própria dignidade.

É, portanto, com um prólogo bem pouco científico que inicio este livro. E o encerro com um texto igualmente subjetivo, uma autobiografia de leitora que Daniel Goldin me sugeriu escrever e que hesitei em publicar, pois nela revelava o mais íntimo da criança e da adolescente que fui. Acabei por incluí-lo nesta compilação: como muitos dos que se ocupam da leitura ou da escrita, tenho uma vocação não realizada de escritora. E logo pensei em Freud, que revelou muito mais para que se pudesse avançar na elaboração da psicanálise: seus próprios sonhos e as associações que eles evocavam. Todo psicanalista deve ser ele mesmo analisado. Talvez toda pessoa que trabalha com a leitura deveria pensar em seu próprio percurso como leitor. Mas por favor, não façamos disto um exercício obrigatório. Que cada um, se assim lhe aprouver, encontre para si próprio ou para o destinatário que escolher, os caminhos pelos quais a leitura o conduza do espaço da intimidade para o espaço público.

Tive muita sorte de poder crescer e viver entre vários países, várias línguas, várias culturas — o sul da Europa, a América Latina, o sudeste asiático —, apesar de cada partida significar um desenraizamento. Este privilégio de poder "se desenvolver para fora", para usar a expressão de Montaigne, não se concede a todo mundo, longe disso. E muitos daqueles que se deslocam em nosso tempo de globalização o fazem a contragosto. As viagens, a leitura, me permitiram conhecer homens e mulheres que viviam muito longe de onde vivo, mas

À guisa de prólogo

dos quais me senti muito próxima. Em teoria, uma antropóloga é sensível às diferenças culturais mais que a qualquer outra coisa. Embora elas me intriguem e me encantem, e às vezes me choquem, é um sentimento de proximidade que sinto ao percorrer o mundo. Em lugares muito diversos me sinto em casa e o que me aproxima do outro me parece mais forte do que nossas particularidades.

Só me resta agradecer àqueles e àquelas que possibilitaram a concretização deste livro. A Daniel Goldin, meu editor e amigo, a quem devo todas as coisas boas que me aconteceram graças ao meu retorno a este continente. Aos meus anjos da guarda: em Buenos Aires, Marité Miccio, que me fez descobrir a cidade e o Tigre, e me contou maravilhosas histórias de animais; a Miguel e Malou Paleo, que tão afetuosamente estiveram ao meu lado; a Elisa Boland, Gustavo Bombini, Estelle Berruyer e Alejandro Katz. No México: a Sasha de Silva, aos amigos do Fundo de Cultura Econômica, a Andrea Goldin, Ramon Salaberría, que vi por apenas dez horas e com quem caminhei como se fosse meu amigo de toda a vida. Na Colômbia: a Silvia Castrillón, Constanza Padilla, María Clemencia Venegas, a quem devo o passeio inesquecível que evoquei há pouco. À Secretaria de Educação Pública do México, à embaixada da França na Argentina, às associações ALIJA na Argentina, à Fundalectura na Colômbia e aos organizadores da Feira do Livro de Buenos Aires.

Agradeço também a Geneviève Patte, que teve a generosidade de pronunciar meu nome, um dia, no México. A Juan Weiler, meu amigo mais antigo, de Bogotá às ilhas gregas, por sua ajuda discreta. Aos meus próximos, em Paris, que me incentivaram e suportaram meu mau humor e meus temores que começavam semanas antes de cada uma de minhas viagens.

Agradeço ainda àqueles e àquelas que me leram, me escutaram: Cleofas, Laura, Catita, Mario, Carolina, Georgina,

María Eugenia, Mauricio, Patricia, Nora, Bettina e tantos outros. E a Carlos, que me confessou ter-me lido entre as quatro e as seis horas da manhã, "como se lê *As mil e uma noites*".

Paris, novembro de 2000

1.
OS LEITORES NÃO DEIXAM
DE NOS SURPREENDER[1]

"Promover a leitura" é uma ideia recente. Durante muito tempo, em diversos países, a preocupação se voltou principalmente para os perigos que uma ampla difusão da leitura poderia acarretar.[2] Na França, a Igreja, as personalidades locais, o patronato, e ainda uma parte das elites operárias, esforçaram-se para afastar os pobres, em particular, dos riscos da leitura não controlada. Porém, a desconfiança em relação à leitura era amplamente compartilhada também nos meios populares, rurais e urbanos, onde os leitores tinham fama de traidores. Até depois da Segunda Guerra Mundial, lia-se com frequência sob os lençóis, às escondidas, com a ajuda de uma lanterna. Ou às vezes sob o luar, como nos contou uma mulher no campo.

Nos dias de hoje, temos a impressão de que o gosto pela leitura deve abrir caminho entre o "proibido" e o "obrigatório", ao menos na Europa. Em meu país, todo mundo se lamenta: "Os jovens não leem nada", "se lê cada vez menos", "como fazer para que leiam?". E poderíamos nos questionar

---

[1] Esta conferência foi lida em uma mesa-redonda sobre "a promoção da leitura" organizada pela associação Alija, no âmbito da Feira do Livro de Buenos Aires, em 29 de abril de 2000.

[2] Ver Anne-Marie Chartier e Jean Hébrard, *Discours sur la lecture, 1880-1980*, Paris, BPI-Centre Georges Pompidou/Fayard, 2000 (ed. brasileira: *Discursos sobre a leitura, 1880-1980*, São Paulo, Ática, 1995).

sobre os efeitos complexos, ambivalentes, desses discursos alarmistas e convencionais de elogio à leitura. Por virem dos poderes públicos, dos professores, dos pais ou dos editores, podem ser percebidos como outras tantas ordens, como testemunhos de impaciência, de uma vontade de controle, de domínio. "Você deve gostar de ler", ou, em outras palavras, "deve desejar o que é obrigatório". Esses discursos deixam pouco espaço para o desejo, estão muitas vezes carregados de angústias, e a criança ou o adolescente o sentem. Ao escutar alguns adolescentes, de diferentes meios, falarem de seu pouco interesse pela leitura, fiquei surpresa com seus discursos repletos de culpa, muito "versão oficial": "Sei que eu deveria ler", "sei que não leio muito". Estamos em uma situação de obrigação, segundo a qual deveriam ler para satisfazer aos adultos. A leitura, que para as gerações anteriores foi um gesto de recusa, de resistência, é percebida por uma parte dos adolescentes como um gesto asséptico, de conformismo, de submissão.

Também podemos nos questionar sobre certos recursos por meio dos quais se tenta "reconciliar", como se diz, os adolescentes com os livros. Na França, para tomar apenas um exemplo, tem-se introduzido a literatura juvenil na escola. As crianças são convidadas a fazer fichas de leitura sobre livros que, até então, eram de âmbito privado, caso tivessem acesso a eles. Podem ser convidadas também a expressar, diante de seus colegas, as emoções que esses livros despertaram nelas. O psicanalista René Diatkine dizia que "nada contribui mais para a perda do gosto pela leitura que o questionamento, uma intromissão indelicada em um espaço onde tudo é particularmente frágil".[3] E lembrava que a parte do não dito de um conto ou de um texto literário, que é deixada à fantasia de cada um, nunca deveria ser objeto de um ques-

---

[3] René Diatkine, "La Formation du langage imaginaire", *Les Cahiers d'ACCES*, Paris, n° 4, p. 24.

tionamento por parte de um adulto. Isso não significa que a literatura juvenil não tenha um lugar na escola. Mas me parece importante que existam espaços diferenciados: de um lado a escola, de outro as bibliotecas, de preferência extraescolares, que deixem lugar para o segredo, para a livre escolha, e sejam propícias para as descobertas singulares.

Ampliando a ideia, há algo na leitura que não é compatível com a ideia de programação, de promoção. Ocorreria a alguém promover o amor? E delegar esta tarefa às empresas, aos Estados? No entanto, isso acontece. Em Singapura, onde realizei pesquisas há cerca de quinze anos, o Estado fretava um barco de amor e os executivos de empresas, de ambos os sexos, eram insistentemente estimulados a embarcar nesses cruzeiros. Parece-me que este seria um bom método para fabricar uma população inteira de frígidos.

Porém, minha comparação não se sustenta. Embora nos dois casos se aponte o desejo, o íntimo, a maioria das pessoas, qualquer que seja o meio social em que nasceram, sabe o que fazer com seu corpo sexuado e frágil e com seu coração impetuoso e vacilante, às vezes apoiando-se nas experiências dos outros, encontradas nos livros. Em contrapartida, muitos homens e mulheres jamais ousaram se aproximar dos livros. Acreditam que neles existe um mundo que não lhes pertence.

No entanto, o desejo de pensar, a curiosidade, a exigência poética ou a necessidade de relatos não são privilégio de nenhum grupo social. Cada um de nós tem direitos culturais: o direito ao saber, mas também o direito ao imaginário, o direito de se apropriar dos bens culturais que contribuem, em todas as idades da vida, à construção ou à descoberta de si mesmo, à abertura para o outro, ao exercício da fantasia, sem a qual não há pensamento, à elaboração do espírito crítico. Cada homem e cada mulher têm direito de pertencer a uma sociedade, a um mundo, através daquilo que produziram aqueles que o compõem: textos, imagens, nos quais escritores e artistas tentam transcrever o mais profundo da experiência humana.

E as entrevistas que realizei com leitores de diferentes meios sociais me ensinaram que a experiência da leitura, quando se tem a sorte de ter acesso a ela, não difere segundo o nível social. Há pessoas provenientes de meios modestos que "leem pouco"[4] em termos estatísticos, mas que conheceram em toda a sua extensão a experiência da leitura: isto é, tiveram acesso a seus diferentes registros e encontraram em particular, em um texto escrito, palavras que os transformaram, que os "trabalharam", às vezes muito tempo depois.

Mas se a experiência dos leitores não é radicalmente diferente segundo o meio social, o que difere são os obstáculos. Para alguns, tudo é dado ao nascer, ou quase tudo. Para outros, à distância geográfica somam-se as dificuldades econômicas e os obstáculos culturais e psicológicos. Quando se vive em bairros pobres na periferia da cidade, ou no campo, os livros são objetos raros, pouco familiares, investidos de poder, que provocam medo. Estão separados deles por verdadeiras fronteiras, visíveis ou invisíveis. E se os livros não vão até eles, eles nunca irão até os livros.

Muitas vezes, nesses ambientes, as raras oportunidades de contato com os livros se deram na escola, e isso pode trazer más recordações, de fracasso ou de humilhação. Muitas pessoas se sentem incompetentes ou envergonhadas diante de um livro; têm a impressão de que esse privilégio pertence aos outros, aos que têm recursos.

E isso é ainda mais evidente nos meios onde impera uma economia de subsistência, onde alguém pode se sentir culpado de ler, pois é uma atividade cuja "utilidade" não é bem definida; também pode se sentir culpado porque para ler,

---

[4] Esse termo, utilizado nas pesquisas estatísticas realizadas pelo Ministério Francês da Cultura, refere-se geralmente aos leitores que declaram ler menos de dez livros por ano.

hoje, a pessoa se isola, se retira do grupo. É uma atividade com frequência mal recebida nos meios populares, onde as pessoas se unem para o que der e vier, onde se valoriza principalmente as atividades compartilhadas e onde não se dispõe de tempo nem de espaço para si próprio.

Essas fronteiras que separam dos livros, essas proibições que aumentam as dificuldades, não desaparecem sozinhas: ao contrário, em nossa época, a segregação e a solidão se acentuam por toda parte. A televisão e o rádio penetram nos espaços relegados, e até podem ocupar ali todo o tempo "livre". Mas com o livro e os textos impressos não ocorre o mesmo. Não há muitas ocasiões de tocá-los ou de ver pessoas lendo. Os livros são como estrangeiros, estão em templos distantes aonde muitos jamais se atreveriam a ir, porque sabem que não vão estar em seu lugar e que não saberiam como proceder.

E é ali onde a "promoção da leitura", para retomar esta expressão, recupera seu sentido. Quando não se teve a sorte de dispor de livros em casa, de ver seus pais lerem, de escutá-los contar histórias, as coisas podem mudar a partir de um encontro. Um encontro pode dar a ideia de que é possível ter outro tipo de relação com os livros. Uma pessoa que ama os livros em certo momento desempenha o papel de "iniciador", alguém que pode recomendar livros. De um modo informal, pode ser alguém próximo que tenha tido acesso à leitura, pode ser alguém de outro meio social que se tenha conhecido na vida associativa ou na militância. Algumas vezes pode ser um professor, em uma relação personalizada, singular. Também pode ser um bibliotecário ou um assistente social que vai dar à outra pessoa a oportunidade de se relacionar concretamente com os livros e de manipulá-los. E vai encontrar inclusive as palavras para legitimar o desejo de ler, e para revelar esse desejo. Para isso é preciso multiplicar as possibilidades de mediação, as ocasiões de promover tais encontros.

Assim, abrir tempos, espaços onde o desejo de ler possa traçar seu caminho, é uma postura que se deve manter muito sutilmente para que dê liberdade, para que não seja sentida como uma intromissão. Isto supõe, por parte do "mediador", um trabalho sobre si mesmo, sobre seu lugar, sobre sua própria relação com os livros. Para que não se diga: "Mas o que ele quer? por que quer que eu leia?". E não se trata evidentemente de lançar-se em uma cruzada para difundir a leitura, pois esta seria a melhor maneira de afugentar todo mundo. Nem tampouco de seduzir, de fazer demagogia.

Com respeito a este tema, outra atitude errônea, em minha opinião, consiste em pensar as coisas em termos de "necessidades" ou de "expectativas", e de leituras capazes de satisfazer essas necessidades e essas expectativas. Muitas vezes, nos meios onde ler não é habitual, os mediadores tentam chamar a atenção das pessoas com livros que supostamente têm a ver com elas. Porém, depois, nem sempre lhes dão a oportunidade de passar para outra coisa, de ampliar seu universo cultural. Então os vemos condenados a voltarem sempre ao seu ponto de partida.

Por outro lado, por toda parte, editores e mediadores especulam sobre as "necessidades" dos jovens e se esforçam para apegar-se a elas. Por isso queria lembrar, evocando os ensinamentos da psicanálise, que não se deve confundir desejo e necessidade, reduzir o desejo a uma necessidade, porque desse modo fabricaremos anoréxicos. Um escritor, um ilustrador não encontra leitores, jovens ou menos jovens, a partir do que ele imagina que são as "necessidades" ou expectativas destes, mas sim se deixando trabalhar por seu próprio desejo, por seu próprio inconsciente, pelo adolescente ou a criança que foi. Deixando-se trabalhar também pelas questões do presente. Estes são, a meu ver, os limites desses livros escritos sob medida para satisfazer a esta ou aquela suposta "necessidade" das crianças ou dos adolescentes. Os livros que mais lhes dizem algo são aqueles em que alguma coisa passa do inconsciente ao consciente. E, felizmente, isso nos escapará sempre, em grande medida.

Nunca se poderá confeccionar uma lista dos livros mais apropriados para ajudar crianças e adolescentes a se construírem. Quando me refiro às entrevistas que realizei, quem poderia supor que o filósofo Descartes seria a leitura preferida de uma jovem turca porque ela viu ali uma argumentação bem fundamentada para recusar um casamento arranjado? Ou que seria a autobiografia de uma atriz surda o que permitiria a um jovem homossexual assumir sua própria diferença, ou ainda que os sonetos de Shakespeare inspirariam um jovem chinês, operário da construção, a escrever canções?

Não se trata de confinar um leitor em uma cabana, mas sempre lhe lançar passarelas, ou melhor, lhe dar uma oportunidade de fabricar suas próprias passarelas, suas próprias metáforas. De fato, quando escutamos os leitores, nos surpreende o fato de que os relatos e as frases que lhes falam, que lhes revelam, que lhes ajudam a dar sentido a suas vidas e a resistir às adversidades, são muitas vezes inesperados. O leitor não privilegia necessariamente um livro que se adapte à sua experiência. Ao contrário, uma grande proximidade pode ser sentida como uma intromissão. E talvez sejam as palavras de um homem ou de uma mulher que tenham passado por provas muito distintas, às vezes em épocas antigas ou do outro lado do planeta, as que darão a esse leitor uma metáfora de onde extrairá novas forças.

Não nos esqueçamos, o leitor não consome passivamente um texto, ele se apropria dele, o interpreta, deturpa seu sentido, desliza sua fantasia, seu desejo, suas angústias entre as linhas e as mescla com as do autor. É aí, em toda essa atividade fantasmática, nesse trabalho psíquico, que o leitor se constrói.

Darei dois exemplos desses encontros surpreendentes e imprevisíveis. Tomo o primeiro do escritor franco-espanhol

Michel de Castillo. Ouvi-o contar que durante sua infância na Espanha, nos tempos da Guerra Civil, sua mãe saía todas as noites às onze horas para ir trabalhar na rádio. Toda noite se ouvia o som dos tiroteios. Sua mãe lhe havia dito: "Se uma noite não ouvir nada, é que a cidade foi tomada, me prenderam, me fuzilaram, e você deverá ir para a embaixada da França". E, entregue a essa imensa angústia de morte, de separação, toda a noite ele lia. Lia... *As mil e uma noites*. Como Scherazade, repelia a morte através dos contos.

Tomo o segundo exemplo de uma escritora, Martine Le Coza. Escutemo-la:

> "Em outros tempos pertenci a uma seita cristã. Tinha pouco mais de dezoito anos. Toda forma de expressão individual era condenada ou amordaçada. A congregação se reunia em torno de um único Livro, a Bíblia, provido de comentários estritamente autorizados. Após cinco anos de submissão, minha rebelião consistiu em reabrir um espaço de leitura. O primeiro livro foi o de François Cheng (*Vazio e cheio: a linguagem pictural chinesa*)".

François Cheng é um grande sinólogo contemporâneo que escreveu bastante sobre a pintura e a escritura chinesa. Cito Martine le Coza novamente:

> "Jovem, gostava de desenhar. Encontrei o caminho do desenho e segui os ensinamentos dos pintores chineses. Meu grafismo era rígido e fechado, à imagem da seita que havia deixado. Estava tão segura de meu traçado, mas desconhecia as forças secretas do branco. Aprendi a abrir as linhas para liberar os sopros, e também a perdê-los sob o guache. Renunciei a meu controle e cedi ao vazio. E depois joguei água sobre meus desenhos, pela emoção, pela surpresa. Para dar uma opor-

tunidade ao maravilhoso, à alegria diante do que não vem de nós".[5]

Enfim, a leitura é algo que nos escapa. A vocês, editores ou mediadores; a mim, como pesquisadora. Aos professores, aos bibliotecários, aos pais, aos políticos. E inclusive aos leitores. O que podem fazer os mediadores de livros é, certamente, levar as crianças — e os adultos — a uma maior familiaridade, uma maior naturalidade na abordagem dos textos escritos. Transmitir suas paixões, suas curiosidades, e questionar sua profissão, e sua própria relação com os livros, sem ignorar seus medos. Dar às crianças e aos adolescentes a ideia de que entre todas essas obras, de hoje ou de ontem, daqui ou de outro lugar, existirão certamente algumas que saberão lhes dizer algo em particular. Propor aos leitores múltiplas ocasiões de encontros inéditos, imprevisíveis, onde o acaso tenha sua parte, esse acaso que às vezes faz as coisas tão bem. Onde também a transgressão encontrará seu lugar. Se tantos leitores e leitoras leem à noite, ainda hoje, se ler é muitas vezes um gesto das sombras, não é apenas por uma questão de culpabilidade: eles criam assim um espaço de intimidade, um jardim preservado dos olhares. Leem nas bordas, nas margens da vida, nos limites do mundo. E não deixam de nos surpreender.

---

[5] *Une bibliothèque d'écrivains*, Paris, Éditions du Rocher, p. 68.

2.
"CONSTRUIR" LEITORES![1]

Confesso-lhes que, embora seja um prazer estar aqui, me sinto um pouco constrangida quanto ao tema: "Estratégias para a construção de leitores". Vocês se referem, se compreendi bem, aos processos pelos quais alguém se torna um leitor, e à margem de manobra que os editores e os mediadores do livro podem ter para que mais pessoas se tornem leitores.

O objeto de minhas pesquisas não é tanto como podemos "construir" leitores, para retomar essa expressão, mas principalmente como a leitura pode ajudar as pessoas a se construírem, a se descobrirem, a se tornarem um pouco mais autoras de suas vidas, sujeitos de seus destinos, mesmo quando se encontram em contextos sociais desfavorecidos.[2] Interessa-me particularmente descrever como, apropriando-se de textos que vocês editam, ou de fragmentos de textos, crianças e adolescentes, mulheres e homens elaboram um espaço de liberdade a partir do qual podem dar sentido a suas vidas, e encontrar, ou voltar a encontrar, a energia para escapar dos impasses nos quais eles se sentem encurralados.

---

[1] Esta conferência foi lida em uma mesa-redonda intitulada "Estratégias para a construção de leitores", durante o Congresso Internacional dos Editores de Buenos Aires, em 1/5/2000.

[2] Ver Michèle Petit, *Os jovens e a leitura*, *op. cit.*

De fato, enquanto choram pelo déficit de leitura ou pela morte do livro, posso anunciar pelo menos uma boa notícia, baseando-me em meus trabalhos: quando uma pessoa tem a oportunidade de ter acesso a ela, a leitura sempre faz sentido, inclusive para os jovens, mesmo em meios afastados *a priori* da cultura escrita. A leitura também faz sentido para aqueles que leem pouco e que, embora não dediquem muito tempo a essa atividade, sabem, entretanto, que algumas frases encontradas em um livro podem às vezes influenciar o curso de uma vida. E atribuem a essa prática virtudes singulares que a distinguem de outros lazeres: o livro, a seus olhos, é mais importante que o audiovisual, pois permite que se abra para a fantasia, o imaginário, o mundo exterior.

Assim como eles, estou convencida de que a leitura continua sendo uma experiência insubstituível, em que o íntimo e o compartilhado estão ligados de modo indissolúvel, e de que o desejo de saber, a exigência poética, a necessidade de relatos e a necessidade de simbolizar nossa experiência constituem a especificidade humana. Por tudo isso, estou empenhada em fazer com que cada homem e cada mulher possam ter acesso a seus direitos de cultura, e em particular a livros, com os quais ele ou ela vão se situar em uma lógica de criatividade e de apropriação.

No entanto, ainda não chegamos a esse ponto. Eu lhes dizia que a leitura sempre faz sentido se tivermos a sorte de ter acesso a ela. Mas, para muitas pessoas, existe aí um mundo que não está ao seu alcance. Uma escolarização insuficiente pode ser uma das causas dessa situação, porém não podemos imaginar que ler seria algo espontâneo para os que foram escolarizados. A ausência física de livros e a distância representam obstáculos. Além disso, o que comprovei escutando os leitores, é que ler pode se revelar impossível, ou arriscado, quando significa entrar em conflito com os valores ou os modos de vida do lugar, do meio em que se vive.

Em algumas sociedades pouco instruídas, ler um livro

significava vagar em um mundo perigoso, enfrentar o diabo. Um medo assim pode nos fazer rir hoje em dia, quando todos celebram os prazeres da leitura ou deploram os estragos do analfabetismo. No entanto... na França, no ano 2000, ainda podemos encontrar todos os dias meninos que adoram a poesia e que leem clandestinamente para evitar que seus colegas lhe batam e os tratem de "bajuladores" ou "maricas"; há mulheres no campo que leem tomando todo tipo de precaução, e que escondem o livro se um vizinho vier visitá-las, para não parecer que são desocupadas; meninas em bairros desfavorecidos que leem sob os lençóis, à luz de uma lanterna; pais que ficam irritados quando encontram seus filhos com um livro nas mãos, embora eles próprios lhes tenham dito que "é preciso ler"; docentes de letras que escondem o romance que estão lendo quando vão entrar na sala dos professores, para não passarem por "intelectuais" e correr o risco de serem postos de lado; e também universitários que não leem outra coisa senão teses ou monografias, e desconfiam dos que manifestam interesse pelos livros.

Parece incrível, mas é assim. Como exemplo, tomo algumas frases escritas por um universitário e reproduzidas em um número recente da revista *Le Débat*:

> "Podemos dizer que um livro dentro da faculdade é um sinal de esnobismo e afetação: é uma prova de que a pessoa se mantém à margem da vida do estabelecimento e que só raramente participa desse incessante turbilhão de organização e reorganização, em função de reformas sucessivas, que absorve a totalidade das energias disponíveis, com resultados que poderíamos qualificar de irrisórios".[3]

---

[3] Jean-Fabien Spitz, "Les Trois misères de l'universitaire ordinaire", Paris, *Le Débat*, nº 108, jan.-fev. 2000.

"Construir" leitores!

Tudo isso não é específico do meu país, que poderia ser suspeito de arcaísmo: pesquisadores e amigos que vivem em contextos muito diferentes regularmente me contam histórias como essas. E, na realidade, desde que comecei minhas pesquisas sobre a leitura e a relação com os livros, não parei de me surpreender com a quantidade de histórias confirmando que o medo dos livros estava sempre presente. Um medo multiforme, já que as proibições sociais se conjugam a tabus inconscientes. Um medo muito palpável nos meios sociais desfavorecidos, mas que também podemos encontrar entre as pessoas ricas, entre os profissionais do livro, entre os professores. No entanto, curiosamente, desse medo não se fala. Para "construir leitores", como vocês dizem, seria preciso desconstruir um pouco esses medos. Conhecê-los bem nos permitirá ajudar as pessoas que desejam se aproximar dos livros a transgredir as proibições.

Como fazer para que uma pessoa se torne um leitor ou uma leitora, apesar de tantos obstáculos? Em grande parte, essa é uma questão relacionada ao meio social. Quando se vem de um meio pobre, mesmo com uma formação escolar, os obstáculos podem ser numerosos: poucos livros em casa, ou nenhum, a ideia de que aquilo não é para ele, uma preferência por atividades coletivas e não por esses "prazeres egoístas", dúvidas sobre a "utilidade" da leitura, um acesso difícil à língua narrativa: tudo isso pode somar-se para dissuadir alguém de ler. E, caso se trate de um menino, ainda há os colegas que ridicularizam quem se dedica a essa atividade "afeminada" e "burguesa", associada por eles aos trabalhos escolares.

Mas os determinismos sociais não são absolutos e a leitura também é uma história de famílias. Mesmo nos meios populares, existem famílias em que o gosto pela leitura se transmite de geração para geração. E, inversamente, nos meios socioeconômicos abastados, existem famílias em que a leitura não tem boa reputação. Para que uma criança se torne mais tarde um leitor, sabemos como é importante a familiaridade física precoce com os livros, a possibilidade de manipulá-los para que esses objetos não cheguem a investir--se de poder e provocar medo. Sabemos também da importância dos intercâmbios em torno dos livros, e em particular das leituras em voz alta, em que os gestos de ternura e as nuanças da voz se mesclam com as palavras da língua da narração: na França, aqueles a quem a mãe contou uma história toda noite têm o dobro da probabilidade de se tornarem grandes leitores do que aqueles que praticamente nunca passaram por essa experiência.[4] A importância de ver os adultos lendo com paixão também se manifesta nos relatos dos leitores. Muitas vezes, nos tornamos um leitor porque vimos um parente, um adulto querido mergulhado nos livros, longe, inacessível, e a leitura aparece como um meio de se aproximar dele e de apropriar-se das qualidades que lhe atribuímos.

Dou-lhes um breve exemplo tomado de um escritor contemporâneo, Jean-Louis Baudry:

> "Imaginava a leitura como uma atividade destinada especificamente às mulheres, como a dança, por exemplo. Os homens só tomavam parte dela para se aproximarem mais das mulheres. Ler um livro significava se tornar seu cavaleiro, o cavalheiro acompanhante de prazeres que eram, antes de tudo, prazeres de expressão. Por outro lado, a leitura era tão feminina que feminizava aqueles que, como meu pai, se dedicavam a ela. Feminizava-os a ponto de, graças a ela, poderem refletir a luz dessas virtudes que faziam resplandecer as mulheres, virtudes associadas ao exercício e ao domínio da lingua-

---

[4] François de Singly, *Les Jeunes et la lecture*, Paris, Ministère de l'Éducation et de la Culture, dossiês Éducations et Formations, 24/2/1993, p. 102.

gem: inteligência, sutileza, fineza, imaginação, e o dom que elas pareciam possuir, de ver além das aparências. Mas, sobretudo, e talvez um pouco paradoxalmente, a leitura constituía um dos atributos da autonomia que eu lhes concedia".[5]

De fato, essa autonomia invejável é o que frequentemente busca o jovem leitor. E justamente por isso a leitura é um ponto de apoio decisivo para as crianças e para os adolescentes que, desde muito cedo, querem diferenciar-se de seus pares. Porque a leitura é também uma história de refugiados. Porém, quando alguém que não recebeu nada ao nascer se apodera dos livros, produzem-se quase sempre em sua história certos encontros, às vezes fugazes, que influenciaram seu destino: um amigo, um professor, um bibliotecário, um animador social que transmitiram sua paixão, legitimaram ou revelaram um gosto pela leitura, e também deram os meios materiais para que pudessem se apropriar desses bens até então inacessíveis.

Digo "um", porém tenhamos consciência de que esses iniciadores de livros são em muitos casos mulheres, a tal ponto que alguns se perguntaram se o futuro dos livros dependeria do futuro das mulheres.[6] Em muitos lugares do mundo as mulheres têm desempenhado um papel preponderante como agentes do desenvolvimento cultural, junto com alguns homens que talvez tenham se integrado, tenham aceitado seu lado feminino, sem temer a perda de sua identidade. Portanto, encorajo fervorosamente os editores a lutarem contra a misoginia, visto que isto vai de encontro aos seus interesses:

---

[5] Jean-Louis Baudry, "Un autre temps", *Nouvelle Revue de Psychanalyse*, "La Lecture", n° 37, 1998.

[6] François de Singly, texto lido no encerramento do colóquio "Sociologie de la lecture, anthropologie de l'écriture", Primeiros Encontros Nacionais sobre a Leitura e a Escritura, La Villette, 29-30/1/1993.

porque onde as mulheres são mantidas à margem da escolarização, à margem da vida social, o escrito não circula com fluidez. Dito de uma maneira mais ampla, a leitura não é facilmente conciliável com o gregarismo viril nem com as formas de vínculo social em que o grupo tem sempre a supremacia sobre o indivíduo.

De fato, o espaço de participação da leitura parece ser mais interindividual que social. Repetirei o que disse anteriormente. Tudo o que podem fazer os iniciadores de livros é levar as crianças — e os adultos — a uma maior familiaridade e uma maior naturalidade na abordagem dos textos escritos. É transmitir suas paixões, suas curiosidades, questionando seu lugar, seu ofício e sua própria relação com os livros. É dar às crianças e aos adolescentes a ideia de que, entre todas essas obras, certamente haverá alguma que saberá lhes dizer algo em particular. É multiplicar as ocasiões de encontros, de descobertas. É também criar espaços de liberdade onde os leitores possam traçar caminhos desconhecidos e onde terão disponibilidade para discutir com eles sobre essas leituras, se assim o desejarem, sem que ocorram intromissões caso esses leitores queiram guardar suas descobertas para si.

No entanto, devemos deixar claro que se trata apenas de fatores propícios ao desenvolvimento da leitura, e que nenhuma receita poderá nos garantir a conversão das pessoas a essa atividade. Além disso, é muito provável que nem todos possam se tornar leitores. A relação com a leitura também tem a ver com a estrutura psíquica e com certa maneira de atuar em relação à falta e à perda. Sem dúvida a leitura, e em particular a leitura de obras literárias, tem a ver com a experiência da falta e da perda. Quando a pessoa pretende negar a perda, evita a literatura. Ou procura dominá-la.

Como conclusão, gostaria de voltar ao título desta mesa-redonda, "Estratégias para a construção de leitores". Parece absolutamente legítimo que os editores se preocupem em ex-

"Construir" leitores!   37

pandir o número de leitores. Porém, há nesse título um aspecto que me faz pensar em Frankenstein. "Construir leitores" é uma expressão bastante curiosa, como se fôssemos todo-poderosos, como se se tratasse de encontrar uma fórmula de alquimista para modelar não sei qual criatura ideal. Certamente, esse sonho de onipotência é o inverso de um sentimento de impotência, e por trás desse título se ouve também um lamento, uma ladainha: eles não leem mais, o que fazer para que leiam, nos deem receitas para que enfim possamos dominar esses leitores potenciais e inatingíveis.

Gostaria ainda de chamar a atenção de vocês para a ambivalência desse título e desses discursos catastróficos sobre a leitura. O livro não é um produto como outro qualquer; com ele nos situamos em um registro frágil que está particularmente relacionado ao desejo. E os leitores potenciais são sujeitos, sujeitos que desejam. Repetirei uma vez mais aqui o que disse em uma mesa-redonda sobre a promoção da leitura: esses discursos alarmistas podem ser sentidos como tantas outras exortações, como testemunhos de uma vontade de controle e de domínio. Consequentemente, não devemos nos surpreender com o fato de que para muitos adolescentes a leitura tem um caráter de obrigação: é preciso ler para agradar aos adultos. Se muitos jovens resistem aos livros, talvez seja também porque querem que eles os "engulam" a todo custo.

A cultura é algo que se furta, que se rouba, algo de que a pessoa se apropria e que transforma a seu modo. E a leitura é um gesto muitas vezes discreto, que passa de um sujeito a outro, que não se ajusta bem a uma programação. Se tentarmos capturar os leitores com redes, receio que levantem voo para outros prazeres.

3.
LEITURA DE OBRAS LITERÁRIAS
E CONSTRUÇÃO DE SI MESMO[1]

Hoje me propus a falar um pouco do papel da leitura na construção de si mesmo, na elaboração da subjetividade. De fato, desde que comecei a trabalhar com a leitura, privilegiando ouvir leitores, eles me chamaram a atenção sobre esse aspecto, por vias muito diferentes. No meio rural, onde eu e meus colegas realizamos cerca de cinquenta entrevistas,[2] e mais ainda em bairros desfavorecidos, onde escutamos uma centena de jovens com idades entre quinze e trinta anos, que haviam frequentado uma biblioteca municipal,[3] essa dimensão foi amplamente abordada, de forma espontânea, por nossos interlocutores.

É por isso que quero voltar a ela, sobretudo porque me parece curiosamente desconhecida ou subestimada, até mesmo pelos mediadores do livro. No entanto não se trata de algo novo. Nos meios que se dedicam ao livro poderíamos

---

[1] Esta conferência foi lida em Buenos Aires em maio de 2000, no âmbito de um seminário no Ministério da Educação.

[2] Raymond Ladefroux, Michèle Petit e Claude-Michèle Gardien, *Lecteurs en campagnes*, Paris, BPI/Centre Georges Pompidou, Collections Études et Recherches, 1993.

[3] Michèle Petit, Chantal Balley, Raymond Ladefroux, com a colaboração de Isabelle Rossignol, *De la bibliothèque au droit de cité*, Paris, BPI/Centre Georges Pompidou, Collections Études et Recherches, 1997. Ver também *Os jovens e a leitura*, *op. cit.*

supor que cada um soubesse algo a esse respeito a partir de sua própria experiência. Por outro lado, outros pesquisadores, atentos ao que diziam os leitores, se ocuparam desse tema.[4] Antes deles, muitos escritores contaram como a leitura havia lhes possibilitado descobrir seu mundo interior e desse modo se tornarem mais autores de seus destinos. E entre eles, escritores que haviam crescido em um meio pobre — pensemos, por exemplo, em Jack London ou em Camus. Construir-se — ou descobrir-se — ao ler, e sair das prescrições familiares ou sociais por meio da leitura, é uma velha história.

Mas essa velha história desaparece com as classificações que se empregam hoje em dia e que opõem, por exemplo, "leituras úteis" a "leituras de entretenimento", ou "leitura escolar" a "leitura de prazer", ou ainda "cultura erudita" a "usos habituais da leitura". Ela desaparece mais ainda se a língua é apresentada como um código, um veículo de informações, um simples instrumento de "comunicação". Sem falar na literatura como um preciosismo de pessoas ricas. Mais adiante voltaremos a este ponto.

ELABORAR UM ESPAÇO PRÓPRIO

Entremos então no cerne da questão: de que maneira a leitura, e em particular a leitura de obras literárias, contribui para a elaboração da subjetividade? O tema é vasto, e abor-

---

[4] Ver, por exemplo, os trabalhos dos sociólogos da literatura ou de Martine Chaudron e François de Singly (orgs.), *Identité, lecture, écriture*, Paris, BPI/Centre Georges Pompidou, 1993. Ver também Erich Schön, que compilou biografias de leitores ("La 'Fabrication du lecteur'", em *Identité, lecture, écriture, op. cit.*, pp. 17-44). E, ainda, a entrevista realizada por Abdelmalek Sayad, "La Lecture en situation d'urgence", em Bernadette Seibel (org.), *Lire, faire lire*, Paris, Le Monde, 1996, pp. 65-9. Naturalmente psicanalistas também se mostraram sensíveis a esta dimensão.

darei aqui apenas alguns aspectos, referindo-me à experiência desses jovens frequentadores de bibliotecas que não são necessariamente grandes leitores. Referindo-me também, em contraponto, a leitores muito cultos, a alguns escritores. E vocês observarão que as experiências de uns e de outros coincidem em mais de um ponto.

O primeiro aspecto que eu gostaria de evocar, porque talvez seja a base de todo o resto, é que a leitura pode ser, em qualquer idade, um atalho privilegiado para elaborar ou manter um espaço próprio, um espaço íntimo, privado. Como dizem os leitores: a leitura permite elaborar um espaço próprio, é "um quarto para si mesmo", para falar como Virginia Woolf, inclusive em contextos onde nenhum espaço pessoal parece ter sobrado.

Escutemos Agiba, como exemplo. Agiba tem dezesseis anos, vive em uma família muçulmana bastante tradicional e está em conflito permanente com seus pais e seu irmão, que a veem se afastar do destino doméstico que imaginaram para ela. Desde sua infância, ela tinha um refúgio: a biblioteca, a leitura. "Eu tinha um segredo meu, era meu próprio universo. Minhas imagens, meus livros e tudo mais. Esse meu mundo está nos sonhos." Christian, por sua vez, tem dezessete anos e mora em uma casa para jovens trabalhadores. Vai à biblioteca para estudar horticultura e gestão da água. E também: "Gosto de tudo o que se refere a Robinson [Crusoé], a coisas assim. Me permite sonhar. Penso que talvez um dia eu chegue a uma ilha, como ele, e depois, quem sabe, possa fazer uma pequena cabana para mim". Escutemos também Ridha, que recorda suas leituras de infância: "Eu gostava porque *O livro da selva* era algo como sobreviver na selva. É o homem que com suas mãos sempre consegue dominar as coisas. O leão pode ser o patrão que não quer te contratar ou as pessoas que não te querem. E Mowgli constrói uma pequena cabana para si, é como se fosse sua casa, e de fato marca suas balizas. Ele se delimita".

Escutemos enfim um escritor chamado Bernard Chambaz. Em uma conferência a respeito de Babar (personagem de histórias para crianças) e dos romances de aventuras de sua infância, ele evocou "a elaboração de uma paisagem singular que era toda obra minha, e em que eu começava a abrir meu próprio caminho". Ou ainda "um espaço-tempo", "uma geografia em que tive a impressão de ter me descoberto ou reconhecido".[5]

Vocês terão notado a evocação de lugares, de habitáculos: a pequena cabana na ilha, o abrigo na selva, a paisagem que é toda obra de uma pessoa, a geografia. Trata-se, sem dúvida, de leitores que vivem no hemisfério Norte, para quem os mares do Sul são celeiros de sonhos. E digo de passagem que eu teria muita curiosidade em saber de que espaços se alimenta a fantasia das crianças de outras regiões do mundo. Mas o que é universal é que o jovem leitor elabora um outro lugar, um espaço onde não dependa dos outros. Um espaço que lhe permita delimitar-se, como disse Ridha, desenhar seus contornos, perceber-se separado, distinto do que o cerca, capaz de um pensamento independente. E isso o faz pensar que é possível abrir seu caminho, seguir com seus próprios passos.

Essa leitura é transgressiva: nela o leitor volta as costas aos seus, foge, ultrapassa a soleira da casa, do lugarejo, do bairro. É desterritorializante, abre para outros horizontes, é um gesto de distanciamento, de saída. E sobretudo quando se trata da leitura de obras literárias, pois na origem de muitos contos, romances e relatos vemos um herói ou uma heroína que se afasta de sua família, de sua casa, e supera uma proibição.

O que dizem os leitores poderia se aproximar das análises de Vladimir Propp sobre os contos populares, reunidas

---

[5] Comunicação para o colóquio *Os adolescentes e a literatura*, organizado pelo Centro de Promoção do Livro Juvenil, Montreuil (França), 23-24/12/1998.

em *Morfologia do conto maravilhoso*. Propp colecionou milhares de contos, procurou classificá-los, e descobriu que esses relatos são regidos por uma ordem ritual, por certo número de "funções" que se ordenam sempre do mesmo modo. As três primeiras são: 1) um dos membros da família se afasta de casa; 2) o herói fica conhecendo uma proibição; 3) a proibição é transgredida — o herói faz o que não se deve fazer ou diz o que não se deve dizer. Em outras palavras, cria algo novo, inventa um sentido. Na origem do próprio conto estaria então o afastamento da família, da casa, e a transgressão. É o que encontramos também em muitos romances, a tal ponto que se poderia dizer que "o ato fundador do romance, apesar de sua grande diversidade de expressão, é a partida do herói que, por meio de seu desarraigamento, forja sua identidade".[6]

O jovem leitor segue os passos do herói ou da heroína que foge. Ali, nas histórias lidas ou ouvidas, nas imagens de um ilustrador ou de um pintor, descobre que existe outra coisa e, portanto, certo jogo, uma margem de manobra no destino pessoal e social. E isso lhe sugere que pode tomar parte ativa em seu próprio futuro e no futuro do mundo que o cerca.

IDENTIFICAÇÃO?

Este espaço criado pela leitura não é uma ilusão. É um espaço psíquico que pode ser o próprio lugar da elaboração ou da reconquista de uma posição de sujeito. Porque os leitores não são páginas em branco onde o texto é impresso. Os leitores são ativos, desenvolvem toda uma atividade psíquica,

---

[6] Rafel Pividal, "Questions sur le roman", *Le Débat*, maio-ago. 1996, p. 33.

se apropriam do que leem, interpretam o texto, e deslizam entre as linhas seus desejos, suas fantasias, suas angústias. Para evocar essa liberdade do leitor, Michel de Certeau tinha uma bela fórmula: "Os leitores são viajantes; circulam em terras alheias; são nômades que caçam furtivamente em campos que não escreveram".[7]

Isto é algo que pode ocorrer ao longo de toda a vida, porém é muito sensível na adolescência, época em que o mundo exterior é percebido como hostil, excludente, e na qual o jovem se vê às voltas com um mundo interior inquietante, e está assustado com as novas pulsões, muitas vezes violentas, que experimenta. Então os adolescentes acorrem aos livros, em primeiro lugar, para explorar os segredos do sexo, para permitir que se expresse o mais secreto, que pertence por excelência ao domínio dos sonhos eróticos, das fantasias. Estão em busca de palavras que permitam domesticar seus medos e respostas às questões que os atormentam. Exploram em diferentes direções, sem levar em conta rubricas e linhas de divisão entre obras mais ou menos legítimas. E encontram às vezes o apoio de um saber, ou, em um testemunho, em um relato, um romance, um poema, o apoio de uma frase escrita, de uma estruturação. Ao poder dar um nome aos estados que atravessam, podem encontrar pontos de referência, apaziguá--los, compartilhá-los. E compreendem que esses desejos ou esses temores que acreditavam serem os únicos a conhecer, foram experimentados por outros, que lhes deram voz.

É o que diz Pilar, que é de origem espanhola e filha de um operário da construção.

> "Através do livro, quando você mesma faz reflexões, sente angústias, não sei, o fato de saber que outras

---

[7] Michel de Certeau, "Lire: un braconnage", em *L'Invention du quotidien I: Arts de faire*, Paris, 10/18, 1980 (ed. brasileira: *A invenção do cotidiano I: Artes de fazer*, Petrópolis, Vozes, 2000).

pessoas as sentiram, as expressaram, acredito que é muito importante. Talvez seja porque o outro diz melhor que eu. Há uma espécie de força, de vitalidade que emana de mim, porque o que essa pessoa diz, por *n* razões, eu o sinto intensamente".

A propósito desta leitura, fala-se geralmente de "identificação". E durante muito tempo se temeu uma leitura muito "identificadora", na qual o leitor poderia ser "aspirado" pela imagem fascinante que lhe é oferecida, correndo o risco de seguir o herói ou a heroína em seus piores desvios (o que seria atribuir ao livro um imenso poder). Esse medo está sempre presente: na França, no ensino da língua e da literatura, há trinta anos se tem privilegiado uma concepção instrumental, formalista, pretensamente científica. E se rejeitou a "identificação", ideia a que se reduziu toda a experiência de leitura subjetiva.

Mas trata-se realmente de identificação? O que faz então o leitor em seu foro íntimo? O jovem em particular, que dizem querer proteger, acima de tudo, de que maneira ele é modificado por uma obra? A desconfiança em relação à leitura solitária é meramente fantasmática, ou há algumas razões fundadas para temer o que se passa nesses momentos de isolamento?

Algumas vezes os leitores falam dos heróis e das heroínas que os acompanharam ao longo das páginas e dos meses que se seguiram à leitura. Como Ridha que, na sua infância, retomava o grito do Tarzan e se apropriava de sua força para conquistar as árvores de seu bairro. Apropriação, assimilação de um traço da personalidade do herói — trata-se aqui da elaboração de uma identificação. Entretanto, muitas vezes, o leitor, justamente como Tarzan, salta de um livro a outro, usando todos os meios disponíveis. Ele está à espreita, à caça de palavras: trata-se, talvez, antes de tudo, de uma busca de simbolização.

O que descrevem os adolescentes e adultos, independentemente de sua classe social, quando evocam as leituras importantes de suas vidas? Algumas vezes, uma página ou uma frase que leram e que falaram algo sobre eles. Essas frases, esses fragmentos de textos, funcionam como *insights*, como tomadas de consciência súbitas de uma verdade interior, como esclarecimentos sobre uma parte de si mesmos até então desconhecida. Isso permite a eles decifrarem sua própria experiência. É o texto que "lê" o leitor, que sabe muito sobre ele, sobre regiões nele que ainda não haviam sido exploradas. O texto, de maneira silenciosa, vai liberar algo que o leitor tem dentro de si. E às vezes o leitor encontra ali a energia, a força para sair de um contexto em que estava preso, para se diferenciar, para se libertar dos estereótipos aos quais estava preso.

Trata-se de uma experiência que tem sido identificada e descrita há muito tempo por vários escritores, que são leitores por excelência. Citarei três deles e lhes peço que me perdoem por meu etnocentrismo (os três escritores são franceses), já que não tive tempo de encontrar textos que relatassem experiências similares vividas em outras latitudes. Parece-me, entretanto, que a região do mundo em que se vive não tenha, neste caso, uma importância crucial. Escutemos então Marcel Proust: "Cada leitor é, quando lê, o próprio leitor de si mesmo. A obra de um escritor é apenas uma espécie de instrumento óptico que ele oferece ao leitor a fim de permitir-lhe discernir aquilo que, sem esse livro, talvez não tivesse visto em si mesmo".[8] André Gide afirma praticamente a mesma coisa, assinalando que existem livros — ou algumas frases, algumas palavras em um livro — que se incorporam a nós. Seu poder, diz, "provém do fato de que apenas me revelaram

---

[8] Marcel Proust, *Le Temps retrouvé*, Paris, Gallimard (ed. brasileira: *O tempo redescoberto*, Porto Alegre, Globo, 1995).

alguma parte de mim desconhecida para mim mesmo; para mim foi somente uma explicação — sim, uma explicação de mim mesmo". E acrescenta: "Quantas princesas sonolentas trazemos em nós, ignoradas, esperando que uma palavra as desperte!".[9]

Cito ainda um escritor contemporâneo, Jean-Louis Baudry:

> "A criança que lê [...] sente que há nela potencialidades infinitas, inúmeras oportunidades; que, como a floresta equatorial, a ilha deserta, ela é um território que se oferece a novas aventuras, a outras explorações. E se torna a conquistadora dos livros que a conquistaram. Ela possui agora, junto com a faculdade de integração, junto com uma passividade que a expôs a todas as colonizações imaginárias, um poder desmesurado".[10]

Quando descrevem essa experiência, os leitores muitas vezes mencionam esse momento de inversão em que, como observa Baudry, de conquistado, de colonizado, o leitor passa a conquistador. É por isso, para despertar as princesas que dormem dentro deles, que muitos escritores leem antes de enfrentar uma página em branco. Seguindo um processo que me parece similar, ainda que a pessoa não se torne um escritor, a leitura às vezes faz surgir palavras no leitor, fecunda o. Nesse diálogo, ele ou ela pode começar a dizer "eu", a formular um pouco suas próprias palavras, seu próprio texto, entre as linhas lidas. E também porque o *status* das palavras se modifica. Ao ler, o leitor percebe que existe uma língua distinta da que se usa todos os dias: a língua do relato, da

---

[9] *Conférence sur la lecture*, citada por Pierre Lepape no jornal *Le Monde* de 15/10/1999.

[10] Jean-Louis Baudry, *L'Âge de la lecture*, Paris, Gallimard/Haute Enfance, 2000, p. 43.

narração, onde os eventos contingentes adquirem sentido em uma história organizada, colocada em perspectiva.

Citei vários escritores, mas insisto que esta experiência não é exclusiva das pessoas cultas ou ricas. Pessoas provenientes de meios populares que não são grandes leitores a conheceram, às vezes a partir de algumas poucas páginas. A leitura não deve ser apreciada baseando-se somente no tempo que o leitor dedica a ela, ou no número de livros lidos ou emprestados. Algumas palavras, uma frase ou uma história podem ressoar por uma vida inteira. O tempo de leitura não é apenas o que dedicamos a virar as páginas. Existe todo um trabalho, consciente ou inconsciente, e um efeito *a posteriori*, uma evolução psíquica de certos relatos ou de certas frases, às vezes muito tempo depois de os termos lido.

Muitas vezes observei que essas frases, esses fragmentos que falam ao leitor, e o revelam, são com frequência inesperados. Nem sempre um texto semelhante à sua própria experiência é o que pode ajudá-lo a se expressar, e uma proximidade excessiva pode inclusive se revelar inquietante. Ele encontrará forças nas palavras de um homem ou de uma mulher que tenham passado por provas diferentes. É precisamente ali, onde se oferece uma metáfora, e onde é possível tomar uma distância, que o texto está em condições de trabalhar o leitor. Porque esse trabalho psíquico se realiza a partir de mecanismos que Freud havia identificado como inerentes ao sonho: a condensação e o deslocamento. Ou seja, é impossível prever quais serão os livros aptos a ajudar alguém a se descobrir ou a se construir.

Isto complica um pouco a tarefa dos "iniciadores", mas pode também torná-la mais divertida. Porque o jogo está aberto, e deixa uma parte para a invenção, para a liberdade. Evidentemente, os adolescentes pedem por determinado *best--seller* e gritam contra qualquer texto que se afaste dos caminhos trilhados. Mas, ao mesmo tempo, as leituras têm, nessa fase, mais do que em outras, um caráter ainda mais anárquico, mais eclético: os adolescentes aproveitam tudo o que cai em suas mãos, sem pensar em classificações determinadas.

E sua atração pela transgressão, o excesso, a maldade ou a violência pode ser uma chave de entrada para leituras muito diversificadas, incluindo os textos "clássicos" — vários professores sabem disso. A literatura, não o esqueçamos, é um vasto espaço de transgressão. Os escritores nos transportam para mais perto de nossos desejos. Mas nem todas as obras têm o mesmo grau de elaboração. Algumas conseguem, no melhor dos casos, nos desviar um momento de nossa condição, ou nos oferecer uma distração temporária ao horror de nossos fantasmas; outras estimulam a atividade psíquica, fazendo eco ao trabalho de escritura de seu autor.

"Um lugar de perdição"

A leitura, e mais precisamente a leitura de obras literárias, nos introduzem também em um tempo próprio, distante da agitação cotidiana, em que a fantasia tem livre curso e permite imaginar outras possibilidades. Ora, não esqueçamos que sem sonho, sem fantasia, não há pensamento nem criatividade. A disposição criativa tem a ver com a liberdade, com os desvios, com a regressão em direção aos vínculos oníricos, com atenuar as tensões. Basta ver em que momentos os sábios fazem suas descobertas: geralmente enquanto passeiam, ou quando estão em algum meio de transporte, ou ao tomar banho, ou ao rabiscar numa folha de papel, ou ao levantar os olhos de um romance.

Escutemos dois leitores. O primeiro é novamente o escritor Jean-Louis Baudry, que se recorda de suas leituras de infância:

"[...] não era apenas através de suas histórias, de seus personagens, de seus diálogos e de suas descrições que os livros nos ensinavam o que éramos; não era apenas porque, ao enriquecer nosso vocabulário e complicar nossa sintaxe, nos forneciam instrumentos de pensamento um pouco mais adequados, mas porque, ao interromper nossa agitação habitual, colocando nosso corpo em repouso e criando novas disposições, sua leitura permitia que emergissem pensamentos, imagens, todos esses fios da vida secreta que se entrelaçavam com as frases que líamos".[11]

O segundo é um estudante que entrevistamos durante nossa pesquisa nos bairros populares. Chama-se Hadrien e evoca a biblioteca onde passa muito tempo:

"Entramos ali por alguma razão, mas uma coisa leva à outra e de repente já estamos divagando. Uma biblioteca realmente deve ser um lugar para ficarmos sem pressa. É um lugar de perdição, apesar de geralmente ser considerada sobretudo um lugar de eficiência".

Gostaria de abrir aqui um parêntesis a partir das palavras de Hadrien para observar que essa dimensão de "perdição" da biblioteca e da leitura, como ele diz muito bem, não é do agrado de muitos. E estes se encarregam de cobri-la com um manto de eficiência. Em muitas famílias, por exemplo, as crianças são incentivadas a ler porque isso pode ser útil em seus estudos, mas quando são encontradas com um livro nas mãos, perdidas em suas fantasias, isso irrita. Quantos assistentes sociais, educadores e bibliotecários relegam às pessoas provenientes de meios pobres leituras "úteis" ou práticas, ou seja, aquelas que supostamente vão lhes servir em seus estudos, na busca por um emprego ou na vida cotidiana? No

---

[11] *Op. cit.*, p. 95.

entanto, não pode ser considerado um luxo ou uma faceirice o fato de se poder pensar a própria vida com a ajuda de palavras que ensinam muito sobre si mesmo, sobre outras vidas, outros países e outras épocas. E isso por meio de textos capazes de satisfazer um desejo de pensar, uma exigência poética, uma necessidade de relatos, que não são privilégio de nenhuma categoria social. Trata-se de um direito elementar, de uma questão de dignidade.

Infelizmente, quem é pobre se vê privado, na maior parte do tempo, do acesso a esses textos e a essas bibliotecas. Pensa que isso não é para ele. É preciso ter coragem para ousar se aproximar deles. Lembro-me de uma senhora que me abordou muito timidamente no final de uma conferência que eu havia dado em uma biblioteca, na periferia parisiense. Era empregada doméstica. Ouviu falar de um café literário que ocorria na biblioteca e participou de vários. Na noite da minha conferência, esteve a ponto de ir embora; entre o público havia muitos professores e ela pensou que "era elevado demais para ela". Porém, arriscou ficar. Falando da biblioteca, me disse: "Venho aqui para existir".

Por que se teme que a leitura e a biblioteca sejam "um lugar de perdição", como dizia Hadrien? Por que alguns querem reduzi-las a um registro de eficiência? Por que a solidão do leitor ou da leitora frente ao texto inspirou temor em todas as épocas? Certamente, existem medos relativos aos conteúdos dos livros, dos quais todo tipo de mediador pretende "proteger" o leitor. Com mais frequência do que se imagina, subsiste ainda hoje o temor de que o livro instile em nós algo pernicioso, algo sedicioso. Ou que seja recebido de maneira extraviada, incontrolável, e alguém encontre nele algo que seja inconveniente. Porém, mais ainda do que o conteúdo dos livros, o que se teme é o próprio gesto da leitura, que já constitui um desapego, uma forma de se distanciar. Os leitores e as leitoras irritam porque não se pode exercer um controle sobre eles, porque eles escapam. São como traidores ou desertores. Passam por pessoas associais e até mesmo antissociais. E são constantemente chamados à ordem.

Lembro-me de um homem com quem conversava em um avião e que ficou tenso, horrorizado, quando soube que eu pesquisava sobre a leitura: "Eu lhe digo, senhora, tenho observado que as mulheres que leem são sempre um pouco egoístas". Penso também em uma jovem, Zohra, que conheci em uma biblioteca, e que, junto com suas irmãs, teve de lutar muito para conquistar o direito de ler e de ir a uma biblioteca:

> "Quando meus pais nos viam ler, quando não queríamos nos mover porque estávamos com um livro, começavam a gritar, não aceitavam que lêssemos por prazer. Era um momento à parte, um momento próprio, e eles não conseguiam aceitar que tivéssemos momentos só para nós. Deveríamos ler para a escola, deveríamos ler para nos instruirmos".

Assim como os poderes políticos fortes, os tiranos domésticos sabem instintivamente que há nesse gesto uma virtualidade de emancipação que pode ameaçar seu domínio. Mas, se a leitura faz com que se tema a perda de influência sobre os outros, pode também suscitar a ideia de que alguém poderia se perder no caminho se assumisse o risco de ler. Ou melhor, que poderia perder uma espécie de carapaça que a pessoa confunde com sua identidade.

Não sei qual é a situação no Brasil, mas em muitos países, em particular nos meios populares, existe uma ideia de que ler é algo que feminiza o leitor. Um educador me contou, por exemplo, que no bairro onde ele trabalhava, quando um garoto tentava se aproximar dos livros, os membros de sua turma lhe diziam: "Não faça isso. Vai perder sua força". Esses jovens confundem o fato de abandonar por uns minutos suas carapaças com tornar-se frágil. Abrir um livro seria mostrar que não sabe alguma coisa, que lhe falta algo que se

52   Leituras: do espaço íntimo ao espaço público

encontra ali.[12] A angústia de perder sua virilidade fica particularmente clara quando o livro pode despertar o mundo interior, evocar uma interioridade que é ainda mais estranha, inquietante, na medida em que está associada às mulheres. Abandonar-se a um texto, deixar-se tomar pelas palavras supõe talvez, para um garoto, a integração de sua parte feminina. A passividade e a imobilidade que a leitura parece requerer podem ser vividas como angustiantes.

E, de fato, quando se trata de obras literárias, parece ser quase sempre uma questão de meninas, ou de meninos que já se diferenciaram daqueles que os cercam devido a seu temperamento solitário, a sua sensibilidade, ou às vezes a uma mudança que se seguiu a um encontro. Leem para elaborar sua singularidade, e o fazem muitas vezes escondidos, para evitar a repressão que persegue o "intelectual", aquele que "complica sua existência", aquele que se diferencia dos seus.

Mas na França, mesmo fora dos meios populares, a leitura, e principalmente a leitura de obras literárias, é cada vez mais um assunto de mulheres e moças: três quartos dos leitores de romances são hoje em dia leitoras.[13] Por que a diferença se acentua atualmente? Na França, atribui-se isso à feminização dos "iniciadores" do livro. Com isso não fazem mais que desviar a questão: por que tão poucos homens se interessam pelos trabalhos relacionados aos livros? E qual a margem de manobra disponível para atrair à leitura esses jovens que têm uma necessidade tão grande de uma identidade "muito rígida"? Como fazer para que tenham menos medo da interioridade, da sensibilidade, menos medo também da polissemia da língua? Esta margem de manobra me

---

[12] Ver Serge Boimare, *La Peur d'apprendre chez l'enfant*, Paris, Dunod, 1999 (ed. brasileira: *A criança e o medo de aprender*, São Paulo, Paulinas, 2012).

[13] Olivier Donnat, *Les Pratiques culturelles des français. Enquête 1997*, Paris, La Documentation Française, 1998.

parece às vezes estreita, e não devemos crer que os que estão em uma posição de onipotência imaginária tenham muita vontade de sair dela.

No entanto, entre os jovens que conhecemos durante as entrevistas realizadas nos bairros populares, alguns haviam passado do gregarismo viril da rua para uma presença assídua em uma biblioteca. E às vezes ficava a impressão de que no fundo bastavam poucas coisas, em alguns momentos, para que se encaminhassem mais para um lado do que para outro. O encontro, mesmo temporário, com um adulto que fosse um modelo, e que transmitisse um pouco de sentido ou mostrasse uma alternativa.

Poderíamos falar por muito tempo desses medos. Fiz apenas um breve comentário a partir da expressão de Hadrien: um "lugar de perdição". Sem dúvida a leitura, e em particular a leitura de obras literárias, tem a ver com a experiência da falta e da perda. Quando alguém pretende negar que desde a primeira infância a vida é feita dessa experiência, quando não quer ser mais que uma carapaça, superfície, músculos, quando constrói uma identidade feita de concreto, ou está imerso na ideologia do êxito, esse alguém foge da literatura. Ou tenta dominá-la. E ao mesmo tempo se priva de um dos recursos para superar a perda. Priva-se de desfrutar dos jogos da língua. E de experimentar ao mesmo tempo sua verdade mais íntima e sua humanidade compartilhada.

A TRANSIÇÃO PARA OUTRAS FORMAS DE VÍNCULO SOCIAL

Paradoxalmente, esse gesto solitário, selvagem, faz com que muitas pessoas descubram como podem estar próximas dos outros. Tomarei apenas o exemplo de Aziza, uma jovem de origem tunisiana de dezoito anos, que fala sobre a leitura de um relato biográfico:

"Trouxe-me mais conhecimentos sobre a Segunda Guerra Mundial e como as pessoas a haviam vivido. Isso se estuda em história, mas não é a mesma coisa. Falam-nos das consequências demográficas, mas se a pessoa não viveu isso... Porque ali, tive a impressão de viver essa história com as pessoas. Parece muito abstrato quando o professor diz: 'Vejam, houve cem mil mortos'. Anotamos um número, e é tudo. Quando li o livro, pensei: como puderam viver tudo isso?".

Muitos leitores nos contaram como a leitura havia sido o meio para se abrirem ao outro, para não temê-lo tanto, para ampliar seus horizontes para além dos mais chegados, dos parecidos com eles. Como Charly, um rapaz que dizia: "A biblioteca é um lugar onde se pode consultar o mundo".

Não se deve confundir elaboração da subjetividade com individualismo, nem tampouco sociabilidade com gregarismo. Ler não nos separa do mundo. Somos introduzidos nele de uma maneira diferente. O mais íntimo tem a ver com o mais universal, e isso modifica a relação com os outros. A leitura pode contribuir, desse modo, para a elaboração de uma identidade que não se baseia no mero antagonismo entre "eles" e "nós", minha etnia contra a sua, meu clã, meu povo ou meu "território" contra o seu. Pode ajudar a elaborar uma identidade em que não se está reduzido apenas a laços de pertencimentos, mesmo quando se tem orgulho deles, e levar à construção de uma identidade plural, mais flexível, mais adaptável, aberta ao jogo e às mudanças.

E quando a pessoa está mais familiarizada com os jogos da língua, talvez se sinta menos nua, menos vulnerável diante do primeiro charlatão que passa e pretende curar suas feridas com uma retórica simplista. Mais ainda, ao escutar os jovens que vivem em bairros marginalizados e que frequentaram uma biblioteca, vemos que a leitura, mesmo esporádica, permite que estejam mais bem armados para resistir a certos processos de exclusão. Para imaginarem outras possibilidades, sonharem e se construírem. Para encontrarem a distância do humor e para pensarem. Entende-se que a leitura pode tornar a pessoa crítica ou rebelde, e sugerir que é possível ocupar um lugar na língua, em vez de ter sempre que se remeter aos outros.

Escutemos Liza, que é de origem cambojana:

> "Agora comecei a adotar posições políticas, enquanto antes a política não me interessava nada. E essas opiniões, essas tomadas de posição, eu as desenvolvi graças à leitura, às trocas com meus colegas, meus professores, e coisas assim... Acredito que cheguei a um estágio de amadurecimento, para poder decidir, eleger... tomar decisões e mantê-las. Sobretudo para defendê-las, para argumentar. Isto é completamente diferente da cultura cambojana, em que se pensa em grupo, em que as coisas são feitas em grupo e onde, de fato, não há muitas trocas porque não se discute".

É verdade que a leitura pode perturbar as formas de organização social onde o grupo prevalece sobre o indivíduo, onde cerram fileiras em torno de um patriarca ou de um líder. O que está em jogo com a difusão da leitura talvez seja a passagem a outras formas de pertencer a uma sociedade. E justamente por isso, ainda hoje, os poderes políticos autoritários preferem divulgar vídeos, ou fichas, ou textos selecionados, entregues com sua interpretação e comentários, limitando ao máximo qualquer "jogo" e deixando ao leitor a menor liberdade possível.

De maneira inversa, o fato de lutar contra a redução do sentido das palavras, de jogar com o sentido delas, é algo que pode ter efeitos políticos. Com a literatura, nos situamos em um registro muito distinto do correspondente ao discurso da comunicação, que se supõe transparente, sem sujeito. Como afirma o psicanalista tunisiano Fethi Benslama: "Com a literatura, passamos de uma humanidade feita pelo texto para uma humanidade que faz o texto".[14]

LEITURA PARA SI MESMO E LEITURA ESCOLAR: UMA CONTRADIÇÃO IRREMEDIÁVEL?

Em relação a esta temática da elaboração da subjetividade e das resistências que se opõem a ela, gostaria de abordar um último ponto: o das relações complexas entre leitura e escola. Essas relações são muitas vezes vividas de maneira conflituosa pelos alunos, ou por nós, ex-alunos, o que nos torna inflexíveis ao falar da instituição escolar. Tanto em nossas entrevistas como nas que realizaram outros pesquisadores, muitos jovens — ainda que não todos — afirmaram que o ensino tinha um efeito dissuasivo sobre o gosto de ler. Queixavam-se das aulas em que se dissecam os textos, das horríveis fichas de leitura, do jargão, dos programas arcaicos. E de tantas outras coisas...

Isso não é uma novidade, não devemos imaginar que o estudo dos clássicos, em particular, tenha entusiasmado a maioria dos alunos, salvo quando um professor conseguia transformá-los em algo vivo. Tanto hoje como antigamente, esses autores fazem a alegria de alguns alunos, mas muitos ficam entediados. Outros colhem nos livros escolares fragmentos, não por amor ao Belo ou ao Bem, mas em busca de experiências humanas. Ou embarcam em desvios que teriam horrorizado seus professores. O escritor Georges-Arthur Goldschmidt conta em suas memórias como havia encontra-

---

[14] Ver *Pour Rushdie. Cent intellectuels arabes et musulmans pour la liberté d'expression*, Paris, La Découverte/Carrefour des Littératures/Colibri, 1993, p. 90.

Leitura de obras literárias e construção de si mesmo

do elementos para alimentar suas fantasias sadomasoquistas em traduções latinas onde apareciam escravos.

Além do que podem dizer os alunos, alguns escritores ou sociólogos têm muitas vezes emitido opiniões capazes de desesperar os professores: Borges dizia que uma pessoa ensina poesia quando a detesta; Nathalie Sarraute acrescenta que quando alguém comenta um texto, o está matando. E segundo Pierre Bourdieu, a escola destrói, erradica a necessidade de uma leitura em que o livro é o depositário de segredos mágicos e da arte de viver, para criar outra necessidade, de outra forma.[15]

Não sei o que ocorre no Brasil, mas na França, nos últimos trinta anos, é evidente que o ensino evoluiu em um sentido totalmente oposto ao que seria a iniciação a uma "arte de viver". E, de um modo geral, deu uma participação mínima à literatura. Certamente com as melhores intenções do mundo, a literatura tem sido apresentada como algo que contribui para reproduzir uma ordem social determinada, porque somente as crianças dos meios abastados estão imersas "naturalmente" nessa cultura erudita que é familiar a seus pais. Eu já o disse antes, também se deixou de lado a "identificação" à qual ficou reduzida toda a experiência da leitura subjetiva. E se privilegiou uma concepção inspirada no estruturalismo e na semiótica, que se dizia mais democrática, mais "científica".

Finalmente, para tomar um exemplo, podemos avaliar os alunos de cerca de quinze anos quanto às seguintes definições: metáfora, metonímia, sinédoque, perífrase, oxímoro, hipérbole, epífora, gradação, lítotes, eufemismo, antonomásia, hipálage, preterição, expressão expletiva, hipérbaton,

---

[15] Pierre Bourdieu e Roger Chartier, "La Lecture, une pratique culturelle" (entrevista), em Roger Chartier (org.), *Pratiques de la lecture*, Paris, Petite Bibliothèque Payot, 1993, p. 279 (ed. brasileira: *Práticas da leitura*, São Paulo, Estação Liberdade, 1996).

prosopopeia, paronomásia. Sem mencionar as melhores, do tipo epanalepses, anadiploses, anacoluto e outras zeugmas. E depois podemos nos perguntar se é com isso que lemos ou escrevemos.[16]

Em um estudo publicado no ano passado, sociólogos escreveram, de forma lapidar e provocadora, essa frase terrível: "Quanto mais os alunos vão à escola, menos leem livros".[17] Segundo eles, o ensino do francês contribuiria para um processo de rejeição à leitura. Em particular, ao passar do ensino fundamental para o ensino médio, o que ocorre teoricamente por volta dos quinze anos, se exige dos alunos uma verdadeira "conversão mental", para que se situem em relação aos textos com uma atitude distante, erudita, de deciframento do sentido, o que marca uma ruptura com suas leituras pessoais anteriores.

De fato, simultaneamente, entre o quinto e o nono ano do ensino fundamental, em que se estuda dos onze aos quinze anos, procurou-se integrar a leitura pessoal à atividade escolar, especialmente quando se incorporou a literatura juvenil. Porém isso também gera dúvidas, e há professores que se perguntam: "Ao querer intervir demais nesse terreno, a instituição escolar não corre o risco de terminar de destruir uma determinada forma de relação com o livro, e privar assim o adolescente de seu desejo de ler?".[18] A escola não se atribui desse modo uma espécie de direito de fiscalização sobre um

---

[16] Tomo este exemplo de François Bon, quem o mencionou no colóquio *Les Adolescents et la littérature*, citado anteriormente.

[17] Christian Baudelot e Marie Cartier, "Lire au collège et au lycée", *Actes de la Recherche*, nº 123, jun. 1998, p. 25. E também Christian Baudelot, Marie Cartier e Christine Detrez, *Et pourtant ils lisent*, Paris, Seuil, 1999.

[18] Annie Pibarot, "Le Secret de la lecture privée", em *Lecture privée et lecture scolaire*, Grenoble, Centre Régional de Documentation Pédagogique, 1999, p. 93.

âmbito eminentemente privado? É verdade que as melhores intenções do mundo podem se revelar intrusivas. Um dia ouvi um auxiliar pedagógico dizer que se poderia pedir aos adolescentes que falassem em classe sobre suas grandes emoções pessoais relacionadas à leitura. E aos professores, que fizessem o mesmo, diante de seus alunos. Lembrei-me de textos que haviam marcado minha adolescência, desses encontros que haviam deixado mais inteligíveis meu destino e meu lado sombrio. Por nada no mundo teria desejado dizer uma palavra de tudo aquilo em classe.

Vemos então que a questão é muito complexa. Sem dúvida alguma é preciso abrir as janelas, abrir o *corpus* das obras estudadas. Abri-lo para outras regiões do mundo. Na França, os programas permanecem muito centrados nos textos canônicos da literatura nacional, apesar de algumas tímidas aberturas. Abrir mais o *corpus*, também, a escritores contemporâneos. Mas isso certamente não significa substituir esse ou aquele texto clássico por uma literatura barata, como alguns ficam tentados a fazer. Porque nesse caso se delinearia uma escola de duas "velocidades", onde às crianças pobres seriam dados romances menos importantes, supostamente próximos de suas "vivências", e apenas aqueles provenientes de meios com recursos poderiam ter acesso a obras que atravessaram os tempos e que, como os mitos antigos, podem estar muito próximas das preocupações das crianças ou dos adolescentes, porém oferecendo-lhes a oportunidade de um certo distanciamento.

Devemos também nos questionar, sem dúvida, sobre a modalidade excessivamente formalista que tem prevalecido no ensino. Mas, provavelmente, existe uma contradição irremediável entre a dimensão clandestina, rebelde e eminentemente íntima da leitura pessoal, e os exercícios feitos em classe, sob os olhares dos outros. O essencial da experiência pessoal da leitura não pode ser transcrito em uma ficha. Os gestos que acompanham a leitura escolar e a leitura pessoal não são os mesmos. Cito novamente o escritor Jean-Louis Baudry:

> "Se nossos livros de classe se diferenciavam dos que eram oferecidos para nosso prazer, e até se opunham a eles [...] é sobretudo porque uns exigiam uma atitude rígida e incômoda, adaptada ao banco da carteira ou a uma cadeira de madeira, enquanto os outros se beneficiavam da indolência e lascívia de uma odalisca em um divã, ou de meditações de sábio hindu em recantos onde havíamos nos refugiado".[19]

Mas não se deve confundir tudo. A escola não saberá nada, nem deve saber muito, sobre as descobertas mais perturbadoras que as crianças ou os adolescentes fazem nos livros. Em contrapartida, cabe aos professores conduzir os alunos a uma maior familiaridade, a uma maior desenvoltura na abordagem dos textos escritos. E fazê-los sentir que a necessidade do relato constitui nossa especificidade humana, e que desde o início dos tempos os seres humanos têm narrado e escrito histórias que são transmitidas de uns para os outros. E também fazê-los apreciar a diversidade dos textos, fazê-los compreender que entre esses escritos de ontem e de hoje, daqui ou de outros lugares, certamente haverá alguns que terão algo a lhes dizer em particular. E fazê-los descobrir a voz singular de um poeta, a admiração de um sábio ou de um viajante, que podem se oferecer a grandes compartilhamentos, porém tocando-nos um a um. Também lhes cabe, parece-me, abrir os sentidos de um escrito, transmitir a ideia de que, embora não se possa exigir a um texto que diga alguma coisa, existem várias leituras possíveis, várias interpretações, e também que essa polissemia representa uma opor-

---

[19] Jean-Louis Baudry, *op. cit.*, p. 26.

tunidade. E estarem disponíveis também se os alunos quiserem discutir questões existenciais que o conteúdo das obras sugere, como o ciúme, o sentido da vida, a morte... e não apenas falar das formas literárias. E devem, com mais frequência, transferir uma parte da tarefa às bibliotecas, que dão lugar ao secreto e às escolhas, e são propícias às descobertas singulares, e se for possível, a bibliotecas fora do universo escolar. Parece-me importante que existam lugares diferenciados, cada um com sua própria vocação.

E naturalmente, o que está em jogo é, sobretudo, a relação pessoal do professor ou do bibliotecário com os livros. Jovens que não são amáveis com a escola, no meio de uma frase evocam um professor que soube lhes transmitir sua paixão, sua curiosidade, seu desejo de ler, de descobrir. E inclusive fazê-los gostar dos textos difíceis. Hoje em dia, como em outras épocas, se a escola tem todo tipo de defeitos, esse ou aquele professor em especial teve a habilidade de levá-los a uma relação diferente com os livros, que não era a do dever cultural e da obrigação austera.

Para muitos desses jovens que não se sentiam em condições de se aventurar na cultura escrita devido à sua origem social, um ou mais encontros com um professor ou com um bibliotecário foram decisivos. Não se trata necessariamente de encontros regulares, contínuos, durante um período longo, já que um encontro fugaz pode às vezes influenciar o destino de uma pessoa. Não se trata tampouco de relações de grande familiaridade, mas de uma atitude ao mesmo tempo receptiva e distante, uma atitude de abertura à singularidade de cada um e de respeito por sua intimidade, demonstrando paixão por esses objetos culturais que propomos, e lucidez em relação à nossa tarefa. Uma atitude que demonstre ao outro que estamos criando um lugar para ele, no sentido mais verdadeiro do termo.

Para transmitir o amor pela leitura, e em particular pela leitura de obras literárias, é preciso tê-lo experimentado. Em nossos círculos familiarizados com os livros, poderíamos esperar que esse gosto fosse algo natural. No entanto, entre os bibliotecários, os professores e os pesquisadores, ou no meio editorial, muitos são os que não leem, ou que se limitam a um quadro profissional estrito, ou a um determinado gênero de obras. E nesses ambientes, entre aqueles que amam ler, há alguns que não o declaram, por temor do que possam dizer. Parece incrível, mas alguns professores, por exemplo, me contaram que quando entram na sala dos professores escondem o livro que estão lendo, ou o jornal *Le Monde*, por medo de passarem por esnobes, ou por "intelectuais", e serem rejeitados por seus colegas.

E assim cada um, professor, estudante, bibliotecário ou pesquisador, pode questionar-se um pouco mais sobre sua própria relação com a língua e com a literatura. Sobre sua própria capacidade de viver as ambiguidades e a polissemia da língua, sem se deixar perturbar por elas. Sua própria capacidade de ser alterado pelo que surge, de modo imprevisto, ao redor de uma frase. E deixar-se levar por um texto, no lugar de querer sempre controlá-lo. Sobre esta questão, recomendo-lhes um pequeno exercício: escrevam sua autobiografia como leitores. Foi o que fiz, há um ano.[20] Havia passado centenas de horas em divãs de psicanalistas, acreditava saber tudo sobre minha relação com os livros e, no entanto, descobri algumas coisas novas. Queria convidá-los a fazer o mesmo, não com a intenção de preparar um inventário, uma lista das obras lidas com essa ou aquela idade, mas algo mais, tentando localizar momentos chaves e identificar o devir psíquico de uma ou outra leitura. E se lhes faz falta um destinatário, ofereço-me de bom grado a ler o que tiverem escrito.

---

[20] Ver o último capítulo deste livro: "De Pato Donald a Thomas Bernhard".

4.
A LEITURA REPARADORA[1]

Se vocês conhecem meus trabalhos, sabem que tenho me interessado pelo papel da leitura na descoberta e na construção de si mesmo, um tema que tem sido evocado com frequência pelos leitores que entrevistei. Essa dimensão é evidentemente muito delicada na infância, na adolescência ou na juventude. Mas também pode ser crucial nas fases da vida em que devemos nos reconstruir: quando passamos por um luto, uma doença, um acidente ou um desgosto amoroso; quando perdemos o emprego; quando atravessamos uma depressão ou uma crise psíquica, todas essas provas que constituem nosso destino, todas essas coisas que afetam negativamente a representação que temos de nós mesmos e o sentido de nossa vida.

No ano passado, quando me pediram que falasse sobre o tema da leitura em um hospital, tive a oportunidade de me aprofundar um pouco em tudo isso. Na França, nos últimos trinta anos, o desenvolvimento da hospitalização pública foi acompanhado por um desejo de humanização, e é nesse quadro que as bibliotecas dos hospitais encontram seu lugar. A situação, evidentemente, é muito diferente dependendo do lugar: em muitas unidades de tratamento não há nenhum

---

[1] Esta conferência foi lida em Buenos Aires em maio de 2000, no âmbito de um seminário no Ministério da Educação.

A leitura reparadora

livro, em outras encontramos carrinhos a cargo de voluntárias que dependem de associações, e em alguns estabelecimentos existem verdadeiras bibliotecas dirigidas por profissionais que costumam ser criativos. Porém, muitos dos que trabalham nesse setor o fazem um pouco à sua maneira e necessitam tomar distância e conceitualizar. Foi nesse contexto que recorreram a mim.

Por outro lado, devo confessar-lhes que quando ouço a palavra *hospital*, como muita gente, saio correndo. Por isso não fiz uma verdadeira pesquisa sobre este tema; não realizei entrevistas com os doentes, embora habitualmente tenha dado prioridade à escuta dos leitores. Como ponto de partida, transferi algumas coisas que havia aprendido em minhas pesquisas anteriores. Debati com bibliotecários e profissionais que trabalham no âmbito hospitalar, e eles me asseguraram que eu tratava de temas que formalizavam suas experiências. Também li ou reli os trabalhos de vários psicanalistas. E, embora não tenha escutado os doentes, li o que alguns escritores, que enfrentaram uma doença ou hospitalização, escreveram. São precisamente alguns desses materiais de pesquisa, algumas linhas de trabalho que pensei em lhes apresentar, como também as reflexões que me inspiraram.

ELABORAR UM ESPAÇO PRIVADO

Quando procurei pensar em qual seria a importância que poderia ter a leitura em meios hospitalares, recorrendo ao que havia aprendido em minhas pesquisas, várias dimensões me pareceram essenciais: a primeira é que a leitura pode ser um atalho privilegiado para elaborar ou manter um espaço próprio, íntimo, privado. Como prolongamento desse aspecto, a leitura pode ser um recurso para dar sentido à experiência de alguém, para dar voz a suas esperanças, a suas desventuras, a seus desejos; a leitura pode também ser um auxiliar decisivo para que se recupere e encontre a força necessária para sair de algo; e, finalmente, outro elemento fundamental, a leitura é uma abertura para o outro, pode ser o suporte para os intercâmbios. Estas várias dimensões, segundo a experiência de cada um, são muitas vezes uma única e mesma coisa.

Direi agora algumas palavras sobre o primeiro aspecto. A leitura pode ser, em qualquer idade, um recurso privilegiado para elaborar ou manter um espaço próprio, um espaço íntimo, privado, um "teto todo seu", citando Virginia Woolf, mesmo em contextos onde não se entrevê nenhuma possibilidade de se dispor de um espaço pessoal. A leitura é uma via de acesso privilegiada a esse território íntimo que ajuda a elaborar ou a manter o sentimento de individualidade, ao qual se liga a capacidade de resistir às adversidades.

Isto é o que me ensinou a pesquisa que realizei nos bairros desfavorecidos. Também me impressionou que na França algumas associações humanitárias sempre deram importância ao fato de oferecer livros aos detentos ou aos sem-teto, para que pudessem manter um mínimo de espaço próprio, ainda que vivendo nas calçadas e expostos aos olhares dos passantes.[2]

Mas o hospital não é nem uma calçada nem uma prisão. No entanto, esta dimensão da leitura como recriação de um espaço privado pode fazer sentido nesta instituição onde o espaço da intimidade se reduz de forma drástica. Onde a pessoa se sente limitada a uma categoria de corpo-objeto, obrigada a se submeter, "para seu bem", às decisões dos outros. Onde tudo nos reduz a uma passividade, a uma perda de autonomia, a uma regressão: seja pela doença e pelos limites que esta impõe à motricidade, ou pelos tratamentos sofridos, ou ainda pela própria natureza do discurso médico

---

[2] Penso particularmente no movimento ATD Quarto Mundo.

e do funcionamento da instituição, ainda que muitos dos que trabalham nela se dediquem a torná-la mais "humana".

O que está em jogo a partir da leitura é a conquista ou a reconquista de uma posição de indivíduo. Pois os leitores são ativos, se apropriam do que leem, dão outro significado aos textos lidos, deslizam seus desejos, suas fantasias e suas angústias entre as linhas, desenvolvem toda uma atividade mental. Na leitura há algo mais do que o prazer, algo que é da ordem de um *trabalho psíquico*, no mesmo sentido de quando falamos em trabalho de luto, trabalho de sonho ou trabalho da escrita. Um trabalho psíquico que permite encontrar um vínculo com aquilo que nos constitui, que nos dá lugar, que nos dá vida. Não voltarei a todo este assunto, que já abordei muitas vezes em outras ocasiões.

A DIMENSÃO REPARADORA DA LEITURA

Queria apenas insistir no fato de que na leitura ou na rememoração de obras literárias (quando ler é impossível materialmente), há algo que pode ir muito além do esquecimento temporário da dor. Algo que, no hospital, tem a ver com o sentido da vida, com manter a dignidade, com manter a humanidade, apesar das mutilações e dos tratamentos humilhantes. Isto tem a ver também com a recomposição da imagem de si próprio, esse si próprio às vezes profundamente ferido.

Quando a pessoa se sente despedaçada, quando o corpo é atingido, angústias e fantasias arcaicas são despertadas, e a reconstrução de uma representação de si, de sua interioridade, pode ser vital. E nas leituras, ou também na contemplação de obras de arte, há algo que pode ser profundamente reparador.

É esta dimensão reparadora que eu gostaria de desenvolver, e para isso terei de fazer uma incursão no âmbito da psicanálise. A leitura tem um parentesco com as atividades chamadas de sublimação, e vocês sabem que para a psicanálise, a sublimação se assemelha ao trabalho de luto e nasce quando pela primeira vez devemos ficar de luto.[3] Winnicott descreve especialmente como, com a experiência da falta, a criança vai construir um jogo, para superar a angústia da separação de sua mãe. Ele introduz a noção de área transicional, espaço psíquico que se estabelece entre a criança e a figura materna, se a criança se sente em segurança.[4] Neste espaço, a criança se apodera de objetos que lhe são propostos, quer se trate de uma ponta de cobertor, de um ursinho de pelúcia ou de uma canção. E esses objetos eleitos protegem da angústia da separação, simbolizam a união de coisas que estão diferenciadas a partir daí. Representam a transição, a viagem da criança que passa do estado de união com a mãe ao estado de relação com ela.

A passagem para um estado onde a pessoa vai "construir as premissas de sua emancipação",[5] onde vai elaborar sua posição de indivíduo, supõe assim um "espaço" tranquilo e objetos entregues à imaginação. Por outro lado, o que a biblioteca e a leitura oferecem é precisamente isto: um espaço real e metafórico onde a pessoa se sente suficientemente protegida para poder ir e vir livremente, sem perigo, para se abandonar à fantasia e ter a mente em outro lugar. A biblioteca oferece um espaço e propõe objetos, objetos culturais, de que podemos nos apropriar, que podemos provar. Winnicott insiste no fato de que todo objeto é um objeto "encontrado", e na importância desses objetos adotados. Destaca

---

[3] Ver Didier Anzieu, *Le Corps de l'oeuvre*, Paris, Gallimard, 1981.

[4] Donald W. Winnicott, *Jeu et réalité*, Paris, Gallimard, 1975 (ed. brasileira: *O brincar e a realidade*, trad. José Otávio de Aguiar Abreu e Vanede Nobre, Rio de Janeiro, Imago, 1975).

[5] Para falar como Marie Bonnafé em *Les Livres, c'est bon pour les bébés*, Paris, Calmann-Lévy, 1994.

também a importância de jogar com esses objetos, o que permite precisamente a descoberta de si mesmo, o aparecimento do indivíduo. Se nos é dada a oportunidade de ter acesso a objetos culturais, na extensão do jogo da infância, podemos "utilizar esses objetos existentes para sermos criadores neles e com eles".[6] Assim podemos recuperar um sentimento de confiança em nossa própria continuidade, em nossa capacidade de simbolizar, de pensar e de estabelecer relações com os outros.[7]

CARLOTA E *O PÁSSARO AZUL*

Desde a mais tenra idade as palavras lidas podem nos proteger da angústia da separação. É algo que senti de modo muito especial ao escutar o psiquiatra infantil Patrick Ben Soussan evocar sua experiência em um serviço de neonatologia.[8] Apresento-lhes então a história de Carlota e o conto de Maeterlinck intitulado *O pássaro azul*, tal como ele a contou:

> "A mãe de Carlota, uma pequena prematura, dá banho em sua filha. Conta-lhe então, todo dia, um pouco do conto de Maeterlinck, embalando-a nos braços. Os médicos e enfermeiras ficavam perplexos, sentindo uma ternura curiosa. O que Carlota poderia entender? Por que essa história? Que interesse ou que importância poderia ter em repeti-la assim, invariavelmente? Carlota 'escuta' algo de tudo isso? Entretanto, depois de alguns

---

[6] Donald W. Winnicott, *op. cit.*, p. 141.

[7] Didier Anzieu, *op. cit.*, pp. 22-3.

[8] Ele relatou esta experiência em *La Culture des bébés*, Ramonville, Erès, Coleção Mil e Um Bebês, 1997.

dias, a constatação foi unânime: quando a mãe conta a história, todos os parâmetros de controle de Carlota — pressão, ritmo cardíaco, frequência respiratória, saturação de oxigênio — se normalizam e permanecem estáveis. Carlota já não apresenta apneia, nem movimentos anormais; está tranquila, corada, serena. Está atenta? Está ouvindo?

Mas, um dia, seu irmãozinho fica doente e sua mãe se vê obrigada a mudar seus hábitos de visita: só poderá passar à tarde ou à noite. Nos primeiros dias, após o banho, Carlota fica agitada; por acaso se impacienta? Soam todos os alarmes: seu coração bate muito rápido, o oxigênio está muito baixo... Estaria chamando sua mãe, à sua maneira? Não há nenhum processo patológico que possa ser responsável por tudo isso. O que está acontecendo? Rapidamente, porém, Carlota recupera sua tranquilidade; o horário depois do banho a deixa serena, com um sorriso nos lábios. Depois de um momento de desassossego, Carlota, que estava perdida, volta a encontrar a lembrança de sua mãe e da história. Memorizou a experiência passada e seu clima sensorial. É como se, naquele momento, ela tivesse contado a história para ela mesma... Como se o pássaro azul estivesse lá, sobre a beira da incubadora, ao lado de sua mãe. Como se, sob suas asas protetoras, Carlota pudesse então esperar o regresso 'físico' de sua mãe, de sua voz e da história narrada".

Ben Soussan lembra que "antes de ser um 'suplemento de alma' caro aos poetas, o livro é um espaço habitado pela mãe, em sua presença mais carnal". Essa dimensão profundamente reparadora, apaziguadora, do conto lido pela mãe ou por alguém que a representa, do relato escrito em uma língua distinta da língua cotidiana, é algo que René Diatkine, psicanalista que também trabalhou muito com bebês e crianças pequenas, relatava com frequência. Falava das histórias lidas às crianças antes de dormir, que lhes permitem suportar melhor a escuridão, o medo de morrer e o medo de que os pais morram. Dizia o seguinte: "Somente a narração de uma história fictícia parece surtir efeito contra essa angústia de separação, um relato em uma língua de estrutura distinta da falada na vida cotidiana".[9] É isso que permite à criança manter seus medos a distância e atravessar a noite. Mas não nos enganemos: como Ben Soussen costuma nos lembrar, os bebês somos nós. O bebê e a criança que ainda vive em nós nos assediam e nos fecundam ao longo de toda nossa vida.

Em qualquer idade, a doença ou a hospitalização são momentos em que a pessoa se vê diante, mais do que nunca, de todos os seus limites, da fragilidade de sua condição de mortal e da solidão para enfrentar esse medo. Diante também de uma solidão ainda mais temível caso esteja separada temporariamente de seus próximos, até mesmo definitivamente privada de sua presença se a pessoa for idosa e já não tiver mais ninguém. É nesse momento que cada um vive também a experiência do isolamento, da estreiteza do horizonte. Compreende-se então que a leitura, oral ou silenciosa, permite, em certas condições, recriar um pouco essa continuidade, essa área transicional que mencionava há pouco, e assim suportar melhor a dor da separação. E se compreende também que a pessoa possa voltar às fontes, deixar sua imaginação vagar, manter sua dignidade, e "seguir existindo", simplesmente, como muitas vezes alguns doentes comentaram com os bibliotecários ou com os contadores de histórias que trabalham no hospital.

---

[9] "Homenagem a René Diatkine", *Les Cahiers ACCES*, nº 4, jul. 1999, p. 8.

Thomas Bernhard e *Os demônios*

Algumas vezes esses encontros com textos lidos podem chegar a desempenhar um papel decisivo no processo de cura. Isso era o que eu queria expor, e por isso lhes proponho, depois de ter acompanhado a pequena Carlota, que sigamos Thomas Bernhard. Já lhes disse antes: como não pude ouvir as pessoas hospitalizadas evocarem a leitura, voltei-me para os escritores. Reli em particular as obras de Bernhard, um escritor extraordinário que lutou contra a doença durante quase toda sua vida e que foi hospitalizado em muitas ocasiões. São obras muito duras e lhes confesso que essa releitura me colocou à prova. Ler nem sempre é uma tarefa fácil. Na primeira obra, intitulada *Le Souffle* [*A respiração*],[10] Bernhard evoca várias vezes o papel que a leitura desempenhou para ele quando, adolescente, se encontrava em uma clínica de recuperação. Lembra-se em particular dos momentos em que sua mãe lhe trazia jornais, revistas e livros de grandes escritores como Novalis ou Kleist: "Acontecia de sentar-se junto à cabeceira da minha cama e ficar lendo um livro enquanto eu lia outro; para mim foram as visitas mais deliciosas de minha mãe".[11] Durante essas visitas, sua mãe lhe falava de sua própria infância, alternando lembranças com leituras, e o jovem narrador queria que esses momentos de relatos e leituras não terminassem nunca. Pouco tempo depois, no transcorrer de uma noite, decidiu abrir-se para a literatura mundial. Pediu que lhe trouxessem Shakespeare, Cervantes, Montaigne, Pascal, Péguy. Devorou-os e falou deles com seu companheiro de quarto:

---

[10] Paris, Gallimard/Biblos, 1990.

[11] Thomas Bernhard, *op. cit.*, p. 278.

A leitura reparadora

"De fato, eu simplesmente havia superado o momento difícil e já contava com muitos meios para sair dele. A iniciativa havia nascido na minha cabeça há bastante tempo. Em meu quarto, minha biblioteca havia crescido até contar com várias dezenas de livros [...] Do mesmo modo que, há meses, todas as manhãs respeitava fielmente a prescrição de tirar minha temperatura, logo que levantava já estava em companhia de meus livros, meus amigos mais próximos e mais íntimos. Foi justamente em Grossgmain (a cidade em que se encontra a clínica de recuperação) que repentinamente e de maneira decisiva para minha vida futura, pensei em dedicar-me à leitura. [...] descobri que a leitura pode trazer a solução matemática para nossa vida [...] Com a leitura eu havia construído uma ponte por cima dos abismos que se abriam a cada momento, pude escapar de estados de espírito que visavam apenas a destruição".[12]

Porém, nessa clínica de recuperação Bernhard contraiu tuberculose e atravessou o inferno, relatado em outro livro, *Le Froid* [*O frio*].[13] Não mais leitura, não mais escrita, aparentemente durante muito tempo. Logo se encontrou novamente em uma fase de evolução ascendente, decidiu recuperar sua saúde e guardou essa decisão como seu maior segredo: "Tinha que pensar em sair daqui, e sem demora [...] Precisava voltar a controlar a situação e, antes de tudo, controlar minha mente, e eliminar radicalmente o que me afetava [...] Era eu quem devia guiar os médicos e seus auxiliares, e não o contrário, e isso não era simples". E foi ali, naquele momento decisivo de retomada da situação, quando sua mãe

---

[12] *Ibid*, p. 300.

[13] Paris, Gallimard/Biblos, 1990.

havia morrido e seus parentes já não lhe escreviam mais, que apareceu novamente a leitura:

"Mergulhei em Verlaine e em Trakl e li *Os demônios* de Dostoiévski; um livro com um espírito tão insaciável e radical, e tão volumoso como nunca havia lido antes; embriaguei-me e durante algum tempo fui apenas um com os demônios [...] A monstruosidade dos demônios me havia dado força, mostrado um caminho, dito que estava na direção certa para sair. Havia sido tocado por uma obra literária furiosa e grande para que eu mesmo surgisse dela transfigurado em herói. Em minha vida posterior a literatura nunca exerceu uma ação tão imensa".

E também se pôs a escrever, a preencher fichas para salvar do esquecimento tudo o que lhe passava pela mente. "Em *Os demônios* havia encontrado tudo o que correspondia à minha experiência",[14] esclarece Bernhard. Desde então não desistiu de tentar encontrar novos demônios, porém na biblioteca do hospital não havia outros. "Naquele momento, eu tinha mais um novo incentivo para sair."

Gostaria de fazer mais alguns comentários a respeito da experiência de Thomas Bernhard. O primeiro é que ele começou a ler a partir das leituras que sua mãe lhe proporcionou, e dos momentos passados em sua companhia. Uma vez mais se recriava aquele espaço transicional que eu mencionei há pouco. Um espaço que ele pôde recuperar em um segundo momento, graças aos livros, mesmo quando sua mãe já não estava mais com ele.

O segundo comentário é que neste caso a leitura não intervém em um momento qualquer. Aparece em duas oca-

---

[14] Thomas Bernhard, *op. cit.*, p. 392.

siões para apoiar, de maneira decisiva, um processo de cura, para sustentar uma vontade de retomar a vida, um desejo de independência e um desejo de *sair*, como ele disse. Foi algo que me impressionou, pois enquanto escutava os jovens dos bairros desfavorecidos, observei que a biblioteca e a leitura ajudavam muito aos que, em um determinado momento, decidiam sair daquela situação. Para aqueles ou aquelas que queriam se diferenciar do que haviam conhecido até então, e que estavam em um processo de emancipação, a leitura vinha realmente dar apoio nesse percurso. Entretanto, o aporte da leitura era muito mais incerto para os que não estavam seguros desse desejo de tomar as rédeas da própria vida.

Um terceiro comentário a partir dos textos de Thomas Bernhard: essas descobertas que ajudam a se expressar, a recuperar forças, e que às vezes, insisto, são decisivas, podem ser de natureza muito diversa, e muitas vezes são surpreendentes. Eventualmente, esses relatos, essas palavras vão remeter a uma experiência similar à do leitor. Porém nem sempre o leitor prioriza um livro que identifica com sua experiência. Quando oferece uma metáfora ou implica um deslocamento é que um texto "trabalha" verdadeiramente o leitor. No caso de Bernhard são *Os demônios* de Dostoiévski que correspondem à sua experiência, como ele diz. Quem poderia imaginá-lo?

Pessoalmente, quando passei por momentos de grande aflição, a literatura que atravessa o desespero me confortou mais, paradoxalmente, do que a que se dedica a evocar pequenos prazeres. Acredito que isso se deva ao fato de que o leitor encontra ali, inconscientemente, o movimento do escritor, que escreve a partir da falta e da perda, mas que, por meio da escrita, supera essa perda e vai na direção de uma reconquista da vida. Foi o que experimentou o jovem Thomas Bernhard com a leitura de Dostoiévski, um Dostoiévski que durante toda sua vida escreveu a partir da angústia e da doença.

Como observa o psicanalista André Green: "O trabalho da escrita pressupõe uma ferida e uma perda, um machucado e um luto, e a obra será a transformação de tudo isso...".[15] E como escreveu outro psicanalista, Didier Anzieu:

> "Quando alguém perde um ente querido, observem seu comportamento com respeito à leitura. Enquanto não puder ler, seu luto não será realizado. Se abrir um ensaio, um romance, um poema — tudo o que não seja uma exortação laica ou religiosa para suportar sua situação atual — significa que está escapando da melancolia, que deseja que o luto o trabalhe. A leitura é, ao lado da amizade, uma das contribuições mais seguras ao trabalho de luto. De uma maneira geral, nos ajuda a fazer o luto dos limites de nossa vida, dos limites da condição humana".[16]

"SOMOS UMA ESPÉCIE DOMINADA PELO RELATO"

Que o relato pode ter um valor terapêutico se sabe de longa data, e este breve contato com experiências de leitura no hospital me fez sentir isso claramente. E, também, até que ponto a necessidade de relato, de narração, constitui nossa especificidade humana. Como diz o escritor Pascal Quignard: "Somos uma espécie dominada pelo relato [...] Nossa espécie parece estar atada à necessidade de uma regurgitação linguística de sua experiência". E acrescenta: "Essa necessidade de relato é particularmente intensa em certos momentos da exis-

---

[15] André Green, *La Déliaison, psychanalyse, anthropologie et littérature*, Paris, Hachette-Pluriel, 1998, p. 57.

[16] Didier Anzieu, *op. cit.*, p. 47.

tência individual ou coletiva, por exemplo, quando há depressão ou crise. Nesse caso o relato proporciona um recurso quase único".[17]

De um modo similar, o filósofo Paul Ricoeur escreve: "Toda a história do sofrimento clama por vingança e exige o relato".[18] Pelo simples fato de estar ordenada, de ser relatada, uma situação de passividade e de impotência é transformada em ação pelo escritor. E é um pouco como se o leitor, por sua vez, se tornasse o narrador do que ele vive.

Mais ainda, essa incursão ao hospital me permitiu novamente captar em toda a sua amplitude a multiplicidade e o entrelaçamento das funções da leitura. Assim como o *Pássaro azul* vela sobre a pequena Carlota, o livro protege, como um habitáculo. E garante uma permanência e uma identidade. Isso é o que afirma outro escritor, Jean-Louis Baudry, referindo-se à convalescência:

> "Depois de dias em que a doença havia nos expulsado de nós mesmos, quando não sabíamos muito bem se continuávamos sendo a mesma pessoa e tateávamos em busca de nossas referências, tendo talvez perdido a memória do que éramos antes, temendo e esperando uma transformação, os livros nos garantiam uma permanência [...] A espécie de afeto que não encontrávamos na vida, feito de constância, de humor equilibrado e segurança, nos trazem os livros e a linguagem contida na escritura [...] Dizem com razão que a pessoa encontra nos livros o que dificilmente encontrará na vida, prova de que, apesar de todas as traições das quais somos víti-

---

[17] "La Déprogrammation de la littérature", entrevista com Pascal Quignard, *Le Débat*, n° 54, mar.-abr. 1989.

[18] Citado por Laurent Jenny, "Récit d'expérience et figuration", *Revue Française de Psychanalyse*, 1998/3, "Le Narratif", p. 939.

mas ou que tenhamos cometido, existe uma lealdade superior. A palavra que os livros nos deram nunca será desmentida; com ela, nossas alegrias, nossas emoções e nossos temores nos serão restituídos; podemos confiar nela porque ela se responsabiliza por nosso ser".[19]

O livro permite recuperar o sentimento da própria continuidade e a capacidade de estabelecer laços com o mundo. Também é um depositário de energia e, como tal, pode nos dar força para passarmos a outra coisa, para irmos a outro lugar, para sairmos da imobilidade. Ele alimenta a vida, e sabemos como são frequentes as metáforas orais quando se fala da leitura. O livro se oferece como uma tela, permite dizer emoções e angústias, colocá-las a distância, atenuar um pouco os medos. Ele dá sentido ao que carece dele e, como afirma outra psicanalista, Michèle Bertrand:

> "A produção de sentido é o que permite negociar nossa impotência diante do destino, e ainda simbolizar o que não é simbolizável".[20]

Hoje, não pretendi abarcar em toda a sua amplitude a noção de leitura reparadora, nem o tema da leitura no hospital. Poderíamos ter nos lançado em muitas direções. Eu poderia ter evocado experiências realizadas na França em diversos serviços públicos. Poderia ter falado da importância da leitura (ou de outra atividade cultural) para aqueles que são próximos ao doente, ou para os médicos e enfermeiros, já que também com eles pode cumprir um papel decisivo para

---

[19] Jean-Louis Baudry, "Un autre temps", *Nouvelle Revue de Psychanalyse*, art. cit., p. 78.

[20] Michèle Bertrand, "Le Narratif", *Revue Française de Psychanalyse*, 1998/3, p. 716.

reconstruir, a cada dia, os espaços interiores maltratados por esse mundo de sofrimento ao qual se veem confrontados. A leitura, ainda que de algumas páginas, pode desempenhar a função que tinham, nas casas antigas, esses espaços inúteis, onde alguém podia descansar e se recuperar.

Eu também poderia ter chamado a atenção ao fato de que para as pessoas que vivem em ambientes onde os livros inexistem ou passam despercebidos, uma hospitalização pode ser a oportunidade de uma descoberta. É algo que me impressionou quando eu trabalhava com a leitura no meio rural. No campo ocorria com frequência que alguma forma de afastamento, como a estada em um internato, às vezes uma guerra, ou justamente uma internação em um hospital, era a ocasião em que alguns habitantes tomavam gosto pelo livro. E no campo, de fato, ler significava ser tirado da natureza. Significava deixar momentaneamente o grupo familiar reunido à mesa e, mais tarde, diante da televisão. E não dar ouvidos aos mexericos dos vizinhos que taxavam de esquisitas as mulheres que se entregavam a uma atividade cuja "utilidade" não era muito clara, ou aos homens que sucumbiam a um prazer pouco adequado à imagem de virilidade.

Como dizem os anglo-saxões, "*a misfortune is actually a fortune*", "uma desgraça é de fato uma sorte" ou "há males que vêm para o bem". Para esses camponeses, as adversidades haviam aberto um paradoxal espaço de liberdade; havia-lhes permitido, enfim, ter acesso a seus direitos culturais. Pois não nos esqueçamos de que, para cada um de nós, quaisquer que seja sua fragilidade física, psíquica ou social, qualquer que seja sua deficiência temporária ou definitiva, não falamos aqui de assistência ou de beneficência: é uma questão de direitos culturais.

Já é hora de concluir e eu gostaria apenas de fazer uma última observação: ler ou fazer incursões culturais pode também ter um papel preventivo. A se acreditar em um estudo realizado na Suécia e publicado há dois anos no *British Me-*

dical Journal,[21] as atividades culturais constituiriam um importante fator de longevidade, e as pessoas que têm o hábito da leitura, do canto, que frequentam assiduamente teatros, cinemas, teriam, em média, uma expectativa de vida claramente superior à dos outros. Eu os convido então a cantar, a pintar, a ler e a viver belas histórias.

---

[21] *British Medical Journal*, vol. 313, nº 7.072, citado no *Nouvel Observateur*, 2/1/1997, p. 57.

5.
A CULTURA SE ROUBA:
MONTAGEM DE "FRAGMENTOS ESCOLHIDOS"

Não desejo incentivá-los a roubar livros: é sobre sua apropriação que gostaria de falar. E, como introdução, queria lhes contar algumas lembranças de infância, algumas cenas primordiais.

Tomo a primeira de uma jovem, Nora, que conheci durante uma pesquisa que meus colegas e eu realizamos em bairros marginalizados. A primeira vez que Nora, criança, foi à biblioteca municipal, pensou encantada: "Poderei cortar muitas figuras dos livros". Mas depois teve que aprender as duras regras que dividir um espaço público impõe. "Minha irmã me ensinou que eu não tinha esse direito, que as bibliotecas pertenciam à municipalidade, não eram nossas, e que eu não podia estragar o material... Fiquei um pouco decepcionada por isso..."

Pensando bem, talvez não haja nada tão natural quanto o desejo de Nora: a apropriação de textos impressos é muitas vezes um assunto de recorte, ao longo de toda a vida. E gostaria, como contraponto a esta jovem, de citar dois outros leitores. O primeiro é Freud, que em sua *Interpretação dos sonhos* menciona essa recordação de sua primeira infância:

> "Um dia, meu pai se divertiu entregando à minha irmã mais velha e a mim um livro com imagens coloridas (descrição de uma viagem pela Pérsia). Eu tinha então cinco anos, minha irmã não havia completado três, e a

lembrança da felicidade infinita com a qual arrancamos as folhas desse livro (folha por folha, como se fosse uma alcachofra) é quase o único fato relacionado com os livros que recordo daquela época".[1]

Freud relacionava esta recordação com sua bibliofilia posterior, ainda que fazendo uma pirueta para evitar se estender sobre este desbaste.

O segundo é Antoine Compagnon, que, em uma obra consagrada à citação, também relata uma lembrança de infância em que se fala de recortar imagens, mas também de repará-las e colá-las:

"Quando eu era criança, tinha um par de tesouras com pontas arredondadas para evitar que me cortasse: as crianças são muito desajeitadas antes de atingirem a idade da razão. Com minhas tesouras em mãos, cortava papel, tecido, qualquer coisa, talvez até minhas roupas. Às vezes, quando me comporto bem, me oferecem um jogo de imagens para recortar. São grandes folhas reunidas em uma caderneta, e em cada uma delas estão dispostos, desordenadamente, barcos, aviões, carros, animais, homens, mulheres e crianças. Tudo o que é necessário para reproduzir o mundo. Não sei ler as instruções, mas tenho no sangue a paixão por recortar, selecionar e combinar [...] Porém, entre todos os jogos, o que mais me deixa irritado é recortar: eu cerro os punhos, dou chutes, rolo pelo chão. Sapateio de raiva quando as coisas não dão certo, quando se recusam a submeter-se às minhas ordens, quando se rebelam e não se encaixam

---

[1] Sigmund Freud, *L'Interprétation des rêves*, Paris, PUF, 1973, p. 155 (ed. brasileira: *A interpretação dos sonhos*, Rio de Janeiro, Imago, 1999).

em meu recorte, em meu modelo de universo. Sempre ultrapasso o limite em alguns milímetros, corto as bordas de papel que se dobram sobre os ombros ou que deslizam nas fendas do corpo a fim de fazer com que a roupa se mantenha sobre a silhueta de papelão. Fico louco. Como conseguirei se minha mãe é a única que tem, para seus trabalhos de costura, grandes tesouras pontiagudas que me permitiriam dar a forma reta sem mutilar as delgadas linguetas? É preciso reparar os estragos, colar de novo as extremidades que faltam, porém não tenho fita adesiva. Invejo esses dois grandes privilégios dos adultos: as tesouras de verdade e as colas de verdade, que colam tudo, até mesmo o ferro".[2]

Compagnon menciona ainda esses momentos em que se desvia da regra e "altera" o mundo, colocando um vestido feminino em um corpo masculino, e pontua suas lembranças com este comentário: "Recortar e colar são experiências fundamentais do papel; a leitura e a escrita não são mais que formas derivadas, transitórias, efêmeras". Seguem quatrocentas páginas muito eruditas sobre o trabalho de citação, as quais me poupo de ler. Tomo apenas uma passagem para lhes apresentar a história de um homem que causou um escândalo nos anos 1930, um agente florestal que havia formado sua pequena biblioteca pessoal cortando de cada livro tudo aquilo que o desagradava. Ele explicou suas práticas durante uma entrevista realizada por uma revista literária:

> "Sou muito ativo durante o dia, e à noite gosto de descansar no meu canto de livros. É o meu refúgio, um abrigo onde apago todos os vestígios de passos diante da minha porta, onde me sinto em casa. Há livros de

---

[2] Antoine Compagnon, *La Seconde main ou le travail de la citation*, Paris, Seuil, 1979, pp. 15-6.

A cultura se rouba: montagem de "fragmentos escolhidos"   85

todos os tipos, porém, se os abrirem vocês ficarão bem surpresos. Todos estão incompletos, alguns não têm mais que duas ou três páginas. Sou da opinião que se deve fazer com comodidade aquilo que se faz todos os dias; por isso leio com a tesoura, me desculpem, e corto tudo o que não me agrada. Desta maneira tenho leituras que não me ofendem jamais. Dos *Lobos* conservei dez páginas, um pouco menos em a *Viagem ao fim da noite*. De Corneille conservei todo o *Polieucto* e uma parte do *Cid*. Em meu Racine não suprimi quase nada. De Baudelaire guardei duzentos versos e, de Victor Hugo, um pouco menos [...] De Proust, a cena com a duquesa de Guermantes".[3]

Compagnon observa que o agente florestal expressava ali, rudemente, a vida simples a que cada um de nós se entrega na intimidade.

RECORTAR E COLAR

Acredito que Compagnon acertou no alvo. O que dizem os leitores de fato? Esses leitores que conheci nos bairros onde nada é dado, por exemplo? Eles contam muitas vezes histórias de fragmentos, de pedaços colhidos aqui e ali, ao longo das obras percorridas. Lembram-se de algumas páginas, de algumas frases ou de uma imagem que os surpreenderam e com as quais recompuseram suas maneiras de representar-se o mundo, ou desenharam de outra maneira seus próprios contornos. Estes fragmentos se tornaram um recurso para pensar sua experiência, para lhe dar sentido. Às vezes, uma única frase, que se leva em um caderno ou na memória,

---

[3] Citado por Antoine Compagnon, *op. cit.*, pp. 27-8.

ou até mesmo esquecida, faz com que o mundo se torne mais inteligível. Uma única frase que se choca com aquilo que estava retido na memória para dar-lhe vida novamente.

Quando leio, ainda que não tire cópia dessa ou daquela página, ainda que não sublinhe nenhuma frase, ainda que não a copie em meu caderno, minha leitura decompõe o texto, caço furtivamente,[4] como bem o dizia Michel de Certeau: apodero-me de um pedaço, levo-o em meus pensamentos, combino-o com outros fragmentos. Com esses materiais tomados emprestados construo uma morada onde habitar, onde — momentaneamente — não dependo de ninguém. Como o agente florestal do qual falamos, apago todos os vestígios de passos diante de minha porta, e me esqueço do essencial do que li: não faço mais que passar pelo texto. E a leitura é também este esquecimento.

Os leitores me fazem pensar nos habitantes de uma ilha grega onde passei muitos verões, situada a algumas milhas marítimas de distância de Delos, ilha sagrada da Antiguidade, onde a deusa Leto teria dado à luz Apolo. No início da era cristã, a ilha sagrada foi praticamente abandonada. Mais tarde, com o decorrer dos séculos, recebeu toda espécie de visitantes: piratas que ali se refugiavam, camponeses de minha ilha que levavam suas cabras para pastar ali e pilhavam tranquilamente as ruínas para construir suas casas. Cada um colocava em seu barco o que necessitava: um fuste de coluna, um leão de mármore, grandes placas adornadas com inscrições. A maioria dos templos dos deuses antigos acabou assim, como lintel de portas, parapeitos de janelas, degraus, ou foram transformados em cal. Foi somente no século XX que começaram realmente a se preocupar em preservar o "patrimônio" e colocar um pouco de ordem em tudo isto.

---

[4] Ver Michel de Certeau, "Lire: un braconnage", em *L'Invention du quotidien I. Arts de faire*, art. cit.

Todo relato de leitor inclui uma menção aos pedaços que ele tomou para construir sua casa, que permitiram novos usos, novas interpretações, transposições muitas vezes insólitas. Penso, por exemplo, nas memórias de um escritor franco-austríaco, Georges-Arthur Goldschmidt, publicadas no ano passado na França com o título *La Traversée des fleuves* [*A travessia dos rios*], que incluem muitas recordações de infância e adolescência relativas à leitura, no contexto da Segunda Guerra Mundial e dos anos que se seguiram. Ali ficamos sabendo por exemplo que, em boa parte, este grande erudito e tradutor de escritores célebres deve sua cultura a revistas infantis.

> "Toda minha 'cultura' histórica ou geográfica devo ao *Sabiam que...?* e aos *Cantos do saber* das diferentes revistas para crianças onde devíamos adivinhar a extensão dos rios, a altura das montanhas ou a superfície e o número de habitantes dos países [...] Incapaz de me concentrar por muito tempo, lia trechos, mas que me abriam mundos infinitos...".[5]

Novamente os fragmentos. Mas esses fragmentos não lhe trazem apenas um conhecimento sobre a extensão dos rios, uma cultura do *Quid*,[6] que ele poderá organizar mais tarde em conjuntos coerentes. Pois, entre as revistas infantis, Goldschmidt logo lerá, em um manual de literatura, algumas passagens das *Confissões* de Rousseau, em que o filósofo evoca as lágrimas e os desejos de seus dezesseis anos. Cito Goldschmidt:

---

[5] Georges-Arthur Goldschmidt, *La Traversée des fleuves*, Paris, Éditions du Seuil, 1999, pp. 203-4.

[6] Obra enciclopédica em língua francesa, publicada atualmente em um único volume.

"Foi como um amor à primeira vista, como se o escrito tivesse tomado corpo, como se alguém tivesse adivinhado essas linhas através de mim, como se elas me reconhecessem; havia, portanto, alguém mais que, no mais profundo de seu ser, sentiu da mesma maneira, de quem se podia, através de seu próprio corpo, adivinhar como havia sido, em meio a si mesmo. Um entusiasmo se apoderou de mim, um sentimento triunfante de legitimidade que jamais havia tido. Outros antes de mim — e que outros! —, haviam sentido as mesmas emoções. A partir de então, tudo o que me cercava estava na ordem natural...".[7]

O jovem Georges-Arthur logo conseguiu o volume completo das *Confissões*, em que algumas páginas foram grampeadas por uma bibliotecária, pois não deviam cair nas mãos de qualquer um... E se sentiu ainda mais capturado pela leitura quando descobriu no filósofo o mesmo "vício", o mesmo prazer inconfessável de deixar-se golpear que há anos experimentava:

"Estava convencido, e ainda estou, de que os lugares dentro de mim mesmo eram como Rousseau os havia visto. [...] Eu lia e relia sem cessar essas mesmas páginas das *Confissões*, e um extraordinário alívio me invadiu ao ler em outro, dessa maneira, o que estava mais intensa e secretamente em mim. Falava-se disso abertamente em um livro do qual inclusive devíamos ler algumas passagens para o exame de *baccalauréat*. Em meu interior sentia-me então transportado por uma felicidade sem limites, por um entusiasmo que coloria tudo e que me consolidava, me reafirmava no seio de mim mesmo. O

---

[7] *Ibid.*, p. 204.

fora e o dentro se equilibravam. Tudo estava de repente no mesmo nível; não tinha mais o sentimento de cair em um abismo".[8]

Que o gosto pela leitura não seja este amor "desinteressado" ao qual querem às vezes reduzi-lo, que seja erotizado, que possa inclusive tocar as regiões mais tumultuadas de nosso ser, as mais indescritíveis, são pontos sobre os quais voltaremos. Mas observemos que este gosto não se contenta apenas com os livros que abordam abertamente temas "indignos". Ainda em suas memórias, Goldschmidt fala sobre um desvio que teria horrorizado seus bons mestres, pois encontrava, em suas versões latinas, matéria para nutrir suas fantasias sadomasoquistas.

"As primeiras versões latinas que realizei falavam também dos escravos. Foi nesta época que se instalaram estas fantasias que ocupariam um lugar importante em minha adolescência [...] Eu era um escravo nu, exposto no mercado e iriam me vender a um senhor muito severo [...] esse imaginário perverso me impediu de naufragar na irreparável dor dos órfãos".[9]

Já Freud observou que as fantasias de fustigação de seus pacientes iam em busca de novos estímulos em obras como *A cabana do pai Tomás* ou nas da chamada *Bibliothèque Rose*.[10] Em alguns casos encontravam a dimensão perversa dessas obras. E em outros as manipulavam para submetê-las ao sentido desejado.

---

[8] *Ibid.*, pp. 205-7.

[9] *Ibid.*, p. 153.

[10] Sigmund Freud, "Un enfant est battu", em *Nevrose, psychose et perversion*, Paris, PUF, 1981, p. 230. *Bibliothèque Rose* refere-se a uma coleção de livros para crianças pequenas.

Pega ladrão!

Há uma dimensão de apropriação selvagem, até de desvio ou de roubo, na leitura e, de maneira mais ampla, no ato de apropriar-se dos bens culturais. Muitas vezes os autores se insurgem contra o descaramento dos leitores quando veem o que fazem com seus textos, que leem como se fossem dirigidos especificamente para eles, como se fossem escritos sob medida. Sempre surpreende, algumas vezes diverte e às vezes chega a irritar, ver a que "piratarias" a pessoa se expõe quando escreve. Na minha modesta escala, tive muitas vezes a experiência, e li ou escutei pessoas que me "citavam" dizendo exatamente o contrário do que eu havia dito. Mesmo que eu tenha compreendido há muito tempo que a linguagem não serve para "comunicar", mas sim para criar equívocos sempre relançados, confesso que chego a me irritar quando vejo minhas frases saírem dessa maneira do contexto em que eu as havia colocado para serem referidas em um conjunto totalmente distinto — isso beira a desonestidade. Porém, prefiro ficar exposta a tais latrocínios do que viver em um mundo onde os autores teriam o direito de supervisionar a recepção de sua obra. Ou em um universo onde somente alguns exegetas estariam autorizados a oferecer com autoridade *a* maneira correta de ler.

Evidentemente, esse gesto de rapto, de desvio, que caracteriza a leitura, esse poder do escrito para se curvar aos caprichos de cada um, até mesmo às mais secretas de suas fantasias, essa característica que as palavras têm de escapar de toda sujeição dos signos, permitem que cada um possa fazer passar por elas seu próprio desejo e associá-las a outras palavras, sempre assustaram. E não cessaram de querer controlar a recepção dos textos.

Mataram, inclusive, leitores que se distanciaram dos caminhos devidamente traçados: por exemplo, no final do século XVI, Menocchio, um moleiro autodidata do Friul, cujo processo o historiador Carlo Ginzburg fez reviver, foi condenado à fogueira pela Inquisição por não ter aprendido a controlar suas leituras: no lugar do sentido determinado, parecia sempre tirar a lição de uma obra a partir de um detalhe, alterava as metáforas, derivava.[11]

Aqueles que pretendem controlar as leituras dos outros se atribuem de fato vários monopólios: o de recortar trechos escolhidos de um *corpus* de obras e integrá-los em um monumento; o do sentido que convém dar à leitura desses trechos escolhidos. Portanto, o primeiro gesto também é da ordem do recorte e da colagem. Preside à construção do patrimônio, do museu, da biblioteca, dos programas escolares. Isso merece que nos detenhamos um pouco. Pois, se pensarmos bem, é uma curiosa transmutação o que acontece quando algumas obras que muitas vezes são fruto dos movimentos mais íntimos do coração dos escritores, dos artistas, dos filósofos, que expressam suas tristezas e suas alegrias, são agregadas umas às outras e convertidas em uma espécie de monumento oficial e pomposo. E onde havia obras singulares e plurais surge assim o Um. Merleau-Ponty escreveu belas páginas a respeito disso em seu livro *A prosa do mundo*:

> "Neste sentido a função do museu, como a da biblioteca, não é unicamente benfeitora: proporciona-nos os meios para ver conjuntamente, como obras, como momentos de um só esforço, as produções que jaziam

---

[11] Carlo Ginzburg, *Le Fromage et les vers: l'univers d'un meunier du XVIe siècle*, Paris, Flammarion, 1980 (ed. brasileira: *O queijo e os vermes: o cotidiano e as ideias de um moleiro perseguido pela Inquisição*, São Paulo, Companhia das Letras, 1987). Ver também Jean Hébrard, "L'Autodidaxie exemplaire. Comment Valentin Jamerey-Duval apprit-il à lire?", em Roger Chartier (org.), *Pratiques de la lecture*, Paris, Petite Bibliothèque Payot, pp. 29-76.

ao largo do mundo, mergulhadas nos cultos ou nas civilizações das quais pretendiam ser o adorno. Deste modo, o museu fundamenta nossa consciência da pintura como pintura. No entanto é melhor buscá-la em cada pintor que trabalha, porque ali ela está em estado puro, enquanto o museu a associa a emoções de menor qualidade. Deveríamos ir ao museu como vão os pintores, com a alegria do diálogo, e não como vamos nós, os leigos, com uma reverência que, no final das contas, não é uma coisa boa. O museu nos dá um sentimento de culpa, uma consciência de ladrões [continuamos no campo do roubo]. De vez em quando nos vem a ideia de que estas obras não foram feitas para acabar entre essas severas paredes para o prazer dos visitantes de domingo, das crianças da quinta-feira ou dos intelectuais da segunda-feira".[12]

Sim, é melhor ir com a alegria do diálogo. Pois apesar dos faustos do museu, da austeridade dos programas escolares ou de muitas bibliotecas, às vezes podemos encontrar o gesto de um pintor, a voz de um poeta, o assombro de um sábio ou de um viajante. Mas nem sempre isso é possível, sobretudo quando a pessoa não se sente autorizada a ultrapassar as portas dos templos da cultura devido à sua origem social modesta. Mesmo que ultrapasse a soleira, ela permanece diante de um monumento com o qual é difícil estabelecer uma relação que não seja de deferência, intimidação ou vandalismo. Ou deve lutar contra o sentimento de que entrou ali com violência, de que talvez tenha usurpado algo que não lhe estava destinado.

---

[12] Maurice Merleau-Ponty, *La Prose du monde*, Paris, Tel/Gallimard, 1992, p. 102.

PRAZERES ROUBADOS

Alguns historiadores, a propósito das mulheres do meio operário que liam em segredo no século XIX ou no início do XX, falaram de "tempo roubado" ou de "prazer roubado".[13] Encontramos ainda hoje traços disso. Por exemplo, quando comecei a trabalhar com a leitura, uma colega que cresceu em um meio de pequenos comerciantes me contou sobre o "tempo roubado" da leitura durante sua infância. Enquanto todo seu tempo "livre" era destinado às tarefas domésticas, havia um momento de que gostava: o de descascar os legumes, pois tinha à sua frente uma grande folha de jornal e podia roubar-lhe algumas linhas. Porém, quando se deixava levar pela leitura e não ouvia o barulho das cascas caindo, era repreendida.

Da mesma forma, quando participei de uma pesquisa sobre a leitura no meio rural, me surpreendi com as proibições e os obstáculos que os leitores evocavam. Havia também a ideia de que ao ler se roubava tempo das atividades "úteis", que era melhor ter as mãos ocupadas com outras coisas totalmente diferentes. Roubava-se, além disso, a presença no grupo. E, quando dedicavam-se a essa atividade, renegavam sua condição, apoderavam-se de algo que era privilégio dos ricos. Muitas pessoas liam então às escondidas, com medo do que os outros poderiam dizer.

Encontrei algo similar nos bairros marginalizados, embora tenhamos entrevistado adolescentes ou jovens adultos que frequentavam as bibliotecas, muitas vezes desde a infân-

---

[13] Ver especialmente Anne-Marie Thiesse, "Organisation des loisirs des travailleurs et temps dérobés (1830-1930)", em Alain Corbin (org.), *L'Avènement des loisirs, 1850-1960*, Paris, Aubier, 1995, e Martyn Lyons, "Les Nouveaux lecteurs au XXᵉ siècle", em Guglielmo Cavallo e Roger Chartier (orgs.), *Histoire de la lecture dans le monde occidental*, Paris, Seuil, 1997.

cia. No entanto, lembro-me da dificuldade que tinham para cruzar qualquer novo limiar, que reativava as proibições. Passar da seção infantil para a dos adultos, por exemplo. Ou ousar se aventurar em novas estantes. Ou visitar uma biblioteca diferente da que frequentavam. Recordo-me de uma jovem de origem turca, apaixonada por música, que nunca se sentiu autorizada a entrar em um conhecido edifício de arquitetura muito moderna, onde havia uma grande discoteca. Acreditava realmente que não era para ela, que não saberia como agir, que poderia estragar o que pegasse emprestado e que isso teria consequências dramáticas. Eu tentava ingenuamente trazê-la de volta à realidade, lembrando-lhe de que mesmo que estragasse algum CD, isso não lhe custaria mais que uma multa mínima: de nada adiantava.

Muitas vezes, alguns bibliotecários me falaram do medo desproporcional dos pais, nos bairros pobres, de que seus filhos estragassem os livros emprestados (ainda que esses danos nem sequer fossem "punidos"). Ali encontramos talvez o eco de uma antiga sacralização do livro, porém também de uma atitude muito ambivalente diante desses objetos investidos de poder, que assustam quando não se pôde ter com eles desde pequeno uma relação familiar.

Isto mostra até que ponto é importante fazer notar, nos lugares e nos meios onde ler não é permitido, que ter acesso aos bens culturais é um direito e que quem é privado disso está sendo roubado. Mas isso não exige apenas as palavras corretas. Trata-se principalmente de uma desconstrução de medos que, dia após dia, se realiza com gestos simples. No lugar de dizer a esta jovem turca que essa famosa discoteca lhe pertencia pelo fato de viver nesta cidade, eu deveria tê-la acompanhado, a apresentado a um discotecário, escutado um CD com ela etc.

Roubar uma imagem, uma voz

Muitos usuários das bibliotecas têm medo de incomodar, se sentem indignos. Ou escondem seu medo atrás de atos de vandalismo. Porém refiro-me unicamente às proibições sociais, a um sentimento de "indignidade" social. No entanto, este pode mesclar-se com uma vergonha de outro tipo. Não é apenas nos meios pobres que a curiosidade pode ser considerada como um "defeito infame", como se diz na França. A curiosidade é abrir uma caixa, um quarto fechado, e penetrar ali mais ou menos clandestinamente. Repito: o saber, o escrito, a arte, são erotizados. Os conflitos socioculturais podem encobrir medos mais inconscientes. E gostaria que fôssemos um pouco mais longe. A cultura se rouba, mas o que roubamos exatamente quando lemos? O que buscamos com esse frenesi, essa paixão, a despeito das proibições?

Uma imagem, para começar. O autor nos permite ver algo. Ao menos isto é o que diz o psicanalista André Green, para quem o desejo de ver é patente na leitura: "Ler é da ordem — digamos sem rodeios — do voyeurismo".[14] Ele menciona aqueles momentos em que o livro na vitrine de uma livraria se oferece ao olhar em busca de prazer, momentos em que entramos para "dar uma olhada" sem sermos incomodados, quando o livro, uma vez adquirido, é quem nos vê, caso se trate de um texto literário. Pois a escrita não mostra nada: para ler é preciso unir os caracteres com a intenção de decifrá-los, e unir uma cadeia de representações, que é a do leitor e não a do texto. O escritor mostra algo que transcreve em caracteres, porém oculta o lugar de onde partem as representações. E a cumplicidade se estabelece entre o escritor e o leitor no plano das fantasias inconscientes.

---

[14] André Green, *La Déliaison, psychanalyse, anthropologie et littérature*, Paris, Hachette/Pluriel, 1992, p. 25.

A psicanálise propõe muitas pistas relativas a este desejo de ver. Mencionarei apenas algumas que remetem a regiões muito arcaicas de nosso inconsciente. A famosa "cena primitiva", onde nossos pais copulam. Mas também o desejo de ver o interior do corpo materno, se seguirmos Melaine Klein.[15] Ela insistiu no vínculo precoce entre pulsão de conhecimento e sadismo, de grande alcance para o desenvolvimento psíquico. E observou que esta pulsão se referia em primeiro lugar ao corpo da mãe, pois a criança deseja se apropriar do que há no interior. Em suas fantasias, a criança pequena segue sem rodeios: ela deseja penetrar no corpo materno, despedaçá-lo, devorá-lo. Mas Melaine descreveu também o mecanismo de reparação por meio do qual a criança buscará restabelecer a integridade do corpo materno fantasmaticamente destruído, mecanismo que desempenha um importante papel no trabalho da sublimação.[16] De maneira parecida, James Strachey considerava: "Ler significa no inconsciente tomar conhecimento do que há no interior do corpo da mãe". E acrescenta: "O medo de despi-la é um fator importante das inibições da leitura".[17]

Encontramos novamente aqui a apropriação, o roubo, e essas duas experiências fundamentais do papel, como dizia Compagnon, "das quais leitura e escrita são apenas formas derivadas": recortar e colar. Elas são, hoje, as duas operações essenciais de nosso "tratamento dos textos".

---

[15] Ver, por exemplo, Melanie Klein, "Les Stades précoces du conflit oedipien" e "Contribution à la théorie de l'inhibition intellectuelle", em *Essais de Psychanalyse*, Paris, Payot, 1976.

[16] Ver especialmente "Les Situations d'angoisse de l'enfant et leur reflet dans une oeuvre d'art et dans l'élan créateur", em *Essais de Psychanalyse*, *op. cit.*, pp. 254-62.

[17] James Strachey, "Some unconscious factors in reading", *International Journal of Psychoanalysis*, 1930, vol. XI.

Mas talvez haja outra leitura, na qual o olhar e o sadismo não são tão prementes: aquela em que, mais que uma imagem, o que se rouba é uma voz. Vocês certamente se lembram de Peter Pan, que, toda noite, escondido atrás da janela, escutava Wendy contar histórias para seus irmãos. Até que um dia a levou à Terra do Nunca para que se tornasse sua mãe e a dos Meninos Perdidos. O leitor faz como Peter Pan, e às vezes encontra nos livros o eco das histórias que escutava quando criança. (Sabemos da importância das histórias lidas à noite, para que as crianças se tornem mais tarde leitores: na França, o número de grandes leitores é duas vezes maior entre as crianças cujas mães contavam uma história todo dia, do que entre aquelas cujas mães não contavam história alguma).[18]

O leitor encontra talvez ainda mais um eco desta voz na medida em que o escritor, como qualquer inventor de histórias, também escutou para criar. Penso por exemplo no diretor de cinema Pedro Almodóvar, grande narrador, muito interessado no relato, que afirmou muitas vezes que, quando criança, escutava, debaixo da mesa, as mulheres do povoado conversando. Segundo ele, o fato de que "um grupo de mulheres esteja discutindo constitui a base da ficção, a origem de todas as histórias [...] Cresci e escrevi escutando as mulheres conversando no pátio de minha casa, no povoado".[19] O mesmo ocorre com o escritor peruano Alfredo Pita, que vive em Paris, de quem cito um trecho de uma entrevista que li há pouco tempo: "Mamãe Vitória, minha avó, era professora. Toda tarde me contava histórias antigas. Da Bíblia à exploração dos polos, da trajetória dos cometas à mecânica dos

---

[18] Ver François de Singly, *Les Jeunes et la lecture*, *op. cit.*, p. 102.

[19] Entrevista publicada em *Cahiers du Cinéma*, n° 535, maio 1999, p. 38.

eclipses. Ela fez de mim um fabulador, um 'fazedor de mentiras'".[20] Penso também nas belas páginas que Reinaldo Arenas consagrou à sua avó, em suas memórias:

> "Do ponto de vista da escrita, quase não houve influência literária na minha infância; mas do ponto de vista mágico, do ponto de vista do mistério, imprescindível para toda formação, minha infância foi o momento mais literário de toda minha vida. E eu devo isso a esse personagem mítico que foi minha avó, ela que interrompia as tarefas domésticas e jogava lenha na fogueira para começar uma conversa com Deus".[21]

Os escritores muitas vezes escutaram as vozes de suas mães e de suas avós. Dezenas de páginas foram escritas sobre a importância decisiva para Proust, para seu destino de escritor, das leituras que sua mãe lhe fazia quando era criança. Porém, penso também em escritores contemporâneos como Pierre Bergounioux quando menciona a importância de sua mãe em seu destino e quando diz: "O essencial nós devemos às mulheres. Parece ser preciso que uma mão feminina tome nossa mão para que esta se aproxime das coisas".[22] E observa que com seus amigos escritores acontece o mesmo. Pierre Michon lhe havia dito: "Talvez eu tenha de fato roubado a obra de minha mãe".

Segundo a psicanalista Antoinette Fouque, "todo grande texto bem escrito é inspirado pela voz interior, a fonte

---

[20] *Télérama*, 10/11/1999, p. 67.

[21] Reinaldo Arenas, *Antes que anochezca*, Barcelona, Tusquets Editores, 1992, p. 45.

[22] Pierre Bergounioux, "Le Bon plaisir", entrevista para a rádio France Culture, 7/6/1997.

matriz ou materna".[23] E "a leitura deve liberar, fazer ouvir a voz do texto — que não é a voz do autor —, que é sua voz matriz, que está nele tal como, nos contos, o gênio está na lâmpada". Diz ainda: "Uma voz é o Oriente do texto, seu início".[24]

Linhas magníficas que deixo para que reflitam. Vocês devem ter observado que eu também utilizei muitas citações e apropriações, apoderando-me dos "fragmentos escolhidos" tomados de relatos de leitores ou de teorizações diversas. E minha reelaboração está longe de estar concluída. Mas talvez vocês venham me tomar emprestado um fuste de coluna ou um leão de mármore para edificar sua própria casa.

---

[23] Ver especialmente "Textes, femmes et liberté", *Passages*, Paris, jun. 1991.

[24] "La Voix retrouvée", entrevista com Antoinette Fouque, *La Quinzaine Littéraire*, 1/12/1986.

6.
DO ESPAÇO ÍNTIMO AO ESPAÇO PÚBLICO[1]

Hoje, propus-me a falar sobre o seguinte tema: *Do espaço íntimo ao espaço público*. No início havia pensado em *Leitura e democratização* como título para esta conferência, mas esse tema, por sua extensão, poderia ser tratado em um seminário que duraria vários anos. De fato, relacionar leitura e democratização é, de certa forma, uma velha história em que se ouve o eco de preocupações que percorreram todo o século XIX e que remontam pelo menos ao Iluminismo: sem a emancipação dos cidadãos à qual deveriam conduzir a instrução e o acesso aos livros, sem a aptidão para julgar por si mesmos e publicamente, sem a orientação alheia, não há regimes democráticos. Discurso muitas vezes sustentado por aqueles que encarnam o Estado, não sem paradoxo.[2] Observemos que era uma leitura bem precisa a que deveria levar o leitor à emancipação: a leitura disciplinada e orientada de obras instrutivas ou de obras de alta cultura, cuidadosamente escolhidas, supostamente aptas a edificar seu raciocínio. Quanto aos outros usos da leitura, durante muito tempo foram julgados socialmente

---

[1] Esta conferência foi lida no âmbito de um ciclo de conferências organizado pela embaixada da França na Argentina e a associação ALIJA em Buenos Aires, em maio de 2000.

[2] Ver Anne Kupiec, "Emancipation et lecture", em *Lire en France aujourd'hui*, Paris, Cercle de la Librairie, 1993, p. 75.

nefastos e associados à ociosidade, ao consumo de drogas e ao autoerotismo.

Sob esta forma, esse discurso humanista é dificilmente sustentável depois das atrocidades que marcaram o século XX. Pensemos, por exemplo, em George Steiner, que passou sua vida se perguntando por que alguém podia ler Goethe ou Rilke ou desfrutar de uma passagem de Bach ou de Schubert e, na manhã seguinte, mandar pessoas para a morte em um campo de extermínio. Cito-o: "Nem a grande leitura, nem a música, nem a arte puderam impedir a barbárie total. E é preciso ir um pouco mais longe: muitas vezes foram o ornamento para esta barbárie".[3]

Hoje não podemos mais conjugar leitura e democratização imaginando, por exemplo, que a difusão de obras de alto nível cultural, filosóficas ou literárias, teria um efeito profilático contra o totalitarismo, o que bastaria para infundir nos leitores uma personalidade democrática, ou que uma elite ilustrada seria por isso mesmo mais respeitosa com os direitos dos cidadãos. Sabemos infelizmente em que medida a história — e o mundo atual — é rica em perversos e tiranos cultos.

Eu acredito que a difusão da leitura pode contribuir para a democratização em outro registro e em certas condições; e por democratização entendo um processo em que cada homem e cada mulher podem ser mais sujeitos de seu destino, singular e partilhado. Escutando os leitores falarem, percebemos que por meio da leitura, ainda que episódica, é possível estar mais bem equipados para ter controle sobre esse destino, inclusive em contextos sociais muito restritivos. Mais bem equipados para resistir a alguns processos de marginalização ou a mecanismos de opressão. Para elaborar ou reconquistar uma posição de sujeito, e não ser apenas objeto

---

[3] George Steiner e Antoine Spire, *Barbarie de l'ignorance*, La Tour d'Aigues, Éditions de l'Aube, 2000.

dos discursos dos outros. Mas isso requer múltiplas trocas com o livro, algumas discretas e até secretas, e usos que muitas vezes se silenciam, embora sejam muito antigos e muitos de nós os tenhamos experimentado. Isto nos leva a pensar de um modo um pouco diferente esta questão da relação entre leitura e emancipação e, por conseguinte, entre leitura e democratização.

É o que tentarei fazê-los sentir hoje, apoiando-me nas pesquisas que realizei na França, em lugares onde o acesso ao saber e à cultura escrita não é fácil.

Leituras do dia e da noite

Quando comecei a trabalhar com a leitura, participei primeiro de uma pesquisa no meio rural, onde, apesar de uma alfabetização relativamente antiga, a leitura continua sendo uma prática menos corrente que nas cidades. Para esta pesquisa realizamos, em diferentes regiões, cerca de cinquenta entrevistas com leitores de idades e condições sociais variadas. Ao escutá-los, fiquei surpresa pelo fato de que a leitura tinha ali dois aspectos. Havia uma leitura em pleno dia, "útil", onde se lia para aprender, em que o livro era o depositário do saber, e a leitura, uma modalidade da instrução; alguns chegavam até a ler dicionários ou enciclopédias, metodicamente, uma letra após outra. Esta leitura podia relacionar-se com uma ética amplamente compartilhada no meio rural, que valorizava o esforço e a "utilidade", por muito tempo garantias da sobrevivência. E ela tampouco transgredia, pelo menos na aparência, o modelo escolar.

E depois, quando a noite caía, chegava o momento de outra leitura, discreta, secreta, que rompia com as regras. Uma leitura que alguns chamavam de a "verdadeira" leitura, e sobre a qual outros hesitavam em falar, por pudor, porque era muito íntima. Em sua cama não consultavam dicionários ou enciclopédias. Liam sagas e relatos de viagem que os transportavam para longe, fora das paredes de suas casas, fora dos limites do povoado. Davam preferência a romances, que podiam ser clássicos, ficções contemporâneas, biografias romanceadas, policiais ou livros de aventura.

Entretanto, a proibição que se vincula a essa leitura "inútil" se acentua pelo fato de que o leitor está distante, distraído, no sentido forte do termo, separado do grupo. E tal preocupação consigo mesmo, caso se exibisse em pleno dia, poderia ser considerada incongruente, grosseira, em um meio que valoriza as atividades compartilhadas. Isto não é algo exclusivo do meio rural, porém a transgressão é muito evidente em comunidades pequenas onde o medo do que os outros possam dizer é premente, onde "acreditar ser alguém" ou distinguir-se pela expressão de opiniões ou de sentimentos pessoais não é algo bem visto. E onde, ainda hoje, a afirmação de uma singularidade não é algo evidente.

No fundo, os leitores que conhecemos no campo eram sempre um pouco dissidentes. Ler lhes permitia escapar, viajar por procuração, abrir-se a novos horizontes. E a partir desse território íntimo, discretamente conquistado, viam as coisas de outra maneira. Adquiriam um maior conhecimento do mundo que os rodeava e se livravam do jugo dos que detinham até então o monopólio do saber. Mas também descobriam em si mesmos desejos desconhecidos. A leitura era a oportunidade para se distanciar um pouco. Para escapar de um tipo de vínculo social onde o grupo tinha poder sobre cada um. E para pensar que é possível inventar uma maneira própria de dizer, em vez de ter sempre que se remeter aos outros.

Ao escutá-los, lembramos que a leitura tem duas vertentes. Por um lado as palavras podem nos tornar dependentes, nos aprisionar. Muitos habitantes do campo guardavam a recordação de leituras edificantes. Como Jeanne, ao evocar seus dias no internato: "Tudo que não era do programa era proibido. Nunca tínhamos tempo livre. No refeitório não tínhamos permissão para falar; liam para nós as vidas de crianças exemplares e de santos". Não esqueçamos que no início a leitura foi muitas vezes um exercício imposto, para subjugar corpos e espíritos, para submeter os leitores à força de um preceito ou de uma fórmula, para capturá-los nas redes de uma "identidade coletiva", o mais longe possível de sua intimidade.

No entanto, ninguém está seguro de dominar os leitores, mesmo ali onde os poderes de toda espécie querem controlar o acesso aos textos. De fato, os leitores se apropriam desses textos, os interpretam, mudam seu sentido, deslizando seu desejo entre as linhas: estamos diante da alquimia da recepção. E, além disso, eles escapam, como já vimos, se afastam do próximo, do cotidiano e de suas evidências. Por tudo isto, a leitura é uma prática de risco tanto para o leitor, que pode ver vacilar suas certezas e suas relações de pertencimento, como para o grupo, que pode ver um dos seus se distanciar. E também para as distintas formas de poder, já que todos os vínculos podem relaxar-se um pouco pela difusão desta prática, tanto os vínculos familiares e comunitários como os religiosos e políticos.

No campo, ainda escutamos o eco dessa passagem de um modo inicial de leitura pública — oral, edificante — a outro modo de leitura privada e silenciosa, onde cada homem (e mais ainda cada mulher, porque na França tanto no campo como na cidade as mulheres leem mais que os homens) encontra, às vezes, palavras para expressar o mais íntimo que leva dentro de si, e onde surge a ideia de que também temos o direito de tomar a palavra e a pena. A passagem da primeira para a segunda vertente da leitura não ocorreu sem dificuldades. Porque inquietava os que detinham o poder e nunca haviam deixado de controlar os que liam. Mas também perturbava seus próximos porque modificava esse modo de ser onde alguém só existe por e para a integração em uma

Do espaço íntimo ao espaço público

comunidade. O que estava em jogo ali era a passagem para outra forma de vínculo social.

Ao finalizar este estudo sobre a leitura no meio rural, eu me dizia que seguramente não havíamos acabado com o medo dos livros, com o medo da solidão do leitor diante do texto, visto como um fator de desordem; não tínhamos acabado com o medo desse território do íntimo, desse espaço propício aos deslocamentos.

O ESPAÇO DO ÍNTIMO

Estava nesse ponto de minhas reflexões quando fui levada a coordenar outra pesquisa para tentar identificar qual poderia ser a contribuição das bibliotecas públicas na luta contra os processos de exclusão.[4] Trabalhamos então em bairros pobres de seis cidades francesas, onde entrevistamos uma centena de jovens com idades entre quinze e trinta anos, que haviam frequentado uma biblioteca. Porque nesses bairros, onde um confinamento cada vez maior acompanha a exclusão social, uma parte dos jovens recorre às bibliotecas para tentar sair dos caminhos já traçados, que os leva ao fracasso escolar, ao desemprego e à delinquência.

O que dizem esses jovens? Em primeiro lugar, que essas bibliotecas os ajudam a prosseguir seu trajeto escolar ou profissional. Essas práticas paraescolares ou autodidatas são conhecidas e não insistirei neste ponto. Recordarei apenas que não é somente com fins de utilidade imediata que uma pessoa se lança na busca do saber. Com frequência o saber é pensado como a chave da liberdade, como um meio de não ficar à margem de seu tempo, como um meio de participar do mundo e de ali encontrar um lugar.

---

[4] Ver Michèle Petit, *Os jovens e a leitura*, op. cit.

Em contrapartida, me estenderei sobre os usos mais discretos, menos visíveis da biblioteca, que se situam principalmente do lado da elaboração da subjetividade, da interioridade e do imaginário. Faço isso porque nossos entrevistados evocaram amplamente esses aspectos, de uma maneira espontânea. E ao escutá-los compreendemos que as bibliotecas contribuem para a emancipação daqueles que atravessam suas portas, não apenas porque dão acesso ao saber, mas também porque permitem a apropriação de bens culturais que auxiliam na construção de si mesmo e na abertura para o outro. Curiosamente, esta dimensão essencial da leitura é muitas vezes desconhecida ou subestimada, ou é desviada para leituras ditas de "distração". Entretanto, não é a mesma coisa.

Ler, ou recorrer a bens culturais diversos, para se encontrar, para se reconhecer, para se construir ou reconstruir, não é a mesma experiência que ler para esquecer ou para se distrair. É o que afirma, por exemplo, e de maneira muito explícita, um jovem de origem senegalesa chamado Daoud: "Para mim, a leitura não é uma diversão, é algo que me constrói". É também o que busca Matoub, cujos pais vieram da Argélia e são analfabetos: "Para mim, frequentar a biblioteca está sempre ligado a um interesse pessoal. Não tenho vontade de ser culto, não ligo a mínima para isso; o que me interessa é experimentar uma emoção, sentir-me próximo de outras pessoas que podem sublimar pensamentos que eu posso ter". O mesmo ocorre com Ridha· "Em um livro, busco elementos que vão me permitir viver, me conhecer melhor". E fora dos meios populares, para muitos rapazes e moças na França, o livro continua sendo insubstituível, mesmo que recorram a ele de maneira episódica. É o livro que os permite sonhar, elaborar seu mundo interior e sua subjetividade.

Esses jovens contam que durante sua infância, com histórias, com contos, a biblioteca lhes deu meios para abrir-se para outro lugar, para um mundo próprio, ainda que em

Do espaço íntimo ao espaço público

contextos onde nenhum espaço pessoal parecesse possível. Escutemos Agiba, uma jovem que cresceu em uma família muçulmana tradicional: "Tinha um segredo meu, era meu próprio universo. Minhas imagens, meus livros e tudo isso". Ou escutemos Abdallah quando se recorda de um livro de imagens que uma bibliotecária lhe havia recomendado: "Isso me apaixonava, me motivava porque tinha um mundo próprio na escola. Isso me motivava para ir à escola".

Como contraponto, escutemos um leitor culto, um escritor contemporâneo, Jean-Louis Baudry, quando evoca as leituras de sua infância:

> "A leitura estava associada a um território que nos revelava, mais ainda do que as manobras às quais submetíamos nosso corpo, a exigência de uma inviolabilidade. Havia traçado as fronteiras de um santuário tão misterioso e tão obscuro como o que representavam nossos órgãos [...] A vida dentro desse santuário era regulada por um tempo específico, oposto à nossa vida social...".[5]

Um mundo próprio, um território, um santuário: poderia multiplicar esses exemplos. Logo fiquei surpresa com a frequência das metáforas espaciais empregadas pelos leitores. O leitor elabora um espaço próprio onde não depende dos outros, e onde às vezes ele até vira as costas aos seus. Ler lhe permite descobrir que existe outra coisa, e lhe dá a ideia de que poderá se diferenciar do seu entorno, participar ativamente de seu destino. E tudo isso graças à abertura do imaginário, graças também ao acesso a uma língua diferente da que serve para a designação imediata ou para o insulto, gra-

---

[5] Jean-Louis Baudry, *L'Âge de la lecture*, *op. cit.*, p. 48.

ças ao descobrimento, essencial, de um uso não imediatamente utilitário da linguagem.

O próprio gesto da leitura já é uma via de acesso a esse território do íntimo que ajuda a elaborar ou manter o sentido de individualidade, ao qual está unida a capacidade de resistir. E isso evidentemente não é específico da infância. Podemos pensar, por exemplo, no que observaram sociólogos que trabalham no meio carcerário: a leitura permite aos detentos, dentro de certos limites, a reconstrução de um espaço privado, enquanto ao contrário "a televisão poderia assinalar sua impossibilidade absoluta".[6] Podemos pensar também na obra de Thomas Bernhard, *Antes da aposentadoria*, em que uma mulher paralítica, totalmente dependente de seus irmãos, grandes admiradores de Himmler, preserva, contra tudo e contra todos, um espaço próprio, lendo jornais e livros.[7] E esse espaço é insuportável, naturalmente, para os dois nazistas, que tentam afastá-la desses objetos que eles abominam encarregando-lhe de cerzir meias.

Elaborar a própria história

Ao escutar os leitores, disse a mim mesma que, no fundo, o essencial da experiência da leitura talvez seja isso: a partir de imagens ou fragmentos recolhidos nos livros, podemos desenhar uma paisagem, um lugar, um habitáculo próprio. Um espaço onde podemos desenhar nossos contornos, começar a traçar nosso próprio caminho e nos desprender um pouco do discurso dos outros ou das determinações familiares ou sociais.

---

[6] Jean-Louis Fabiani, *Lire en prison*, Paris, PBI/Centre Georges Pompidou, 1995, p. 219.

[7] Thomas Bernhard, *Avant la retraite, une comédie de l'âme allemande*, Paris, L'Arche, 1987.

A leitura nos abre para outro lugar, onde nos dizemos, onde elaboramos nossa história apoiando-nos em fragmentos de relatos, em imagens, em frases escritas por outros. É algo que pode ocorrer ao longo de toda a vida, mas é muito sensível na adolescência. Os adolescentes recorrem ao livro para explorar os segredos do sexo. Inclusive é através deste viés, desta busca por informações sobre temas tabus, que muitos dos que frequentam uma biblioteca em bairros marginalizados passam algum dia a outras leituras, diferentes das exigidas para a preparação de uma tarefa escolar.

Em um sentido mais amplo, estão em busca de palavras que lhes permitam dominar seus medos, sentirem-se menos sozinhos, encontrar respostas às perguntas que os atormentam. Palavras que permitam a expressão daquilo que ficava em segredo. E os livros que tiveram importância para eles são os que revelaram aquele ou aquela que eles ainda não sabiam que eram, que os fizeram sair à luz.

Por extensão, o que as pessoas descrevem, qualquer que seja sua origem social, quando evocam as leituras importantes de suas vidas, muitas vezes é o seguinte: de tempos em tempos, uma frase nos lê, nos dá notícias nossas. Desperta nossa interioridade, põe em movimento nosso pensamento. E em ressonância com as palavras do autor, nos surgem palavras, palavras inéditas. É um pouco como se nos tornássemos o narrador daquilo que vivemos.

Essa intersubjetividade que permite que o leitor se diga, é encontrada também na experiência de leitores muito cultos. Por exemplo, nos diários de escritores, que são florilégios de citações. Porém, jovens provenientes de meios populares também têm esta experiência, às vezes a partir de algumas páginas ou de fragmentos recolhidos em lugares distintos. E embora esta leitura raramente leve a pessoa a escrever uma obra ou um diário íntimo, pode deixá-la mais apta para expressar suas próprias palavras, e ao mesmo tempo se tornar mais autora de sua vida.

Já o mencionei em outras conferências: me parece redutor falar simplesmente em termos de "identificação" ou de "projeção" a propósito destes encontros que ajudam o leitor a enunciar sua própria história, a elaborar uma posição de sujeito. Gostaria de citar novamente um escritor que observou atentamente sua experiência de criança e de adolescente leitor, Jean-Louis Baudry, e que compara os efeitos produzidos pela leitura e pelo cinema:

> "[...] o livro e o filme não tinham o mesmo uso, nem exerciam a mesma ação sobre nós. O livro tinha a vantagem de estar sempre ao alcance da mão. De tanto retomá-lo, de ter com ele essa familiaridade que oferece uma troca prolongada, ele ia exercendo uma progressiva ascendência sobre nós, sem que por isso perdêssemos o sentimento de uma livre disposição de nós mesmos, enquanto o filme, tão repentino como um golpe de Estado, exercia um poder tirânico, mas de curta duração [...] o filme tinha um poder estranho, um poder de aspiração tão forte que me sentia colado na tela como uma folha morta em uma grelha de esgoto [...] o filme, em uma realização efêmera, trazia a promessa de uma união com o ser das coisas [...] as histórias que havia lido naquela época, inclusive Robin Hood, cuja unidade, no entanto, me havia sido introduzida pelo cinema, se dispersavam [...] em fragmentos, distintos, diversificados e reconhecíveis, e estes não encaixavam nunca uns nos outros para se unirem em um quadro único".[8]

A leitura é feita de fragmentos e alguns deles funcionam como um foco de luz sobre uma parte de nós, obscura até

---

[8] Jean-Louis Baudry, *L'Âge de la lecture*, *op. cit.*, p. 60.

esse momento. Focos de luz que vão desencadear todo um trabalho psíquico, às vezes muito depois da leitura.

Sempre digo que ao escutar os leitores recordamos que a linguagem não pode ser reduzida a um código, a uma ferramenta de comunicação, a um simples veículo de informações. A linguagem nos constitui. Quanto mais somos capazes de dar um nome ao que vivemos, às provas que enfrentamos, mais aptos estaremos para viver e tomar certa distância em relação ao que vivemos, e mais aptos estaremos para nos tornarmos sujeitos de nosso próprio destino. Podem nos quebrar, nos mandar embora, nos insultar com palavras e também com silêncios. Outras palavras, porém, nos dão lugar, nos acolhem, nos permitem voltar às fontes, nos devolvem o sentido de nossa vida. E encontramos nos livros algumas dessas palavras que nos restauram. Em particular em obras cujos autores tentaram transcrever o mais profundo da experiência humana, desempoeirando a língua. Ter acesso a elas não é um luxo: é um direito, um direito cultural, como o acesso ao saber. Porque talvez não haja sofrimento pior do que ser privado de palavras para dar sentido ao que vivemos.

Uma biblioteca, um livro, é algo que se oferece, uma hospitalidade que se oferece. Abrem para outro lugar, inauguram outra maneira de habitar o tempo, um tempo próprio. Um tempo em que a fantasia pode brotar livremente, que nos permite imaginar, pensar. Alguns jovens nos disseram como, por exemplo, nesses tempos que eram deles, nesses momentos em que levantavam os olhos de seu livro, puderam construir seu espírito crítico de uma maneira distinta do que ocorria na escola. Como Mounira, cujos pais também vieram da Argélia:

> "Descobri dois livros: havia uma exposição de livros (na biblioteca), e eles falavam da condição dos judeus nos campos de concentração. Isso transformou minha maneira de ver as coisas, mudou meu olhar sobre

a comunidade judaica. Bem, meu pai não está totalmente de acordo. Para ele um judeu é um traidor, um inimigo. Para mim não. Sofreram como todo mundo e, de um ponto de vista histórico, podemos considerá-los como primos. Meu pai não concorda com isso. Eu o compreendo, mas mantenho minha opinião".

A leitura pode sacudir crenças bem estabelecidas até então, desvirtuar uma representação do mundo baseada na oposição entre "eles" e "nós". Porém, se às vezes pode relaxar certos vínculos comunitários, também convida a outras formas de vínculo social, a outras formas de pertencer a uma sociedade. Efetivamente, não é pelo fato de se dedicar a este ato selvagem e solitário que é a leitura, que a pessoa se torna um narciso que só pensa na sua parte do bolo, incapaz de sociabilidades e de projetos compartilhados. Pelo contrário, muitos jovens nos contaram como esses encontros singulares lhes haviam permitido sair de seu pequeno mundo. A descoberta de si e do outro em si próprio muitas vezes é acompanhada por uma abertura para o outro. Geralmente, os que leem ficção são também os que têm mais curiosidade pelo mundo real, pela atualidade e pelos temas da sociedade.

Direitos culturais

No final das contas, vemos que através dos textos, ou melhor, de fragmentos de textos, de trechos recolhidos aqui e ali, esses jovens constroem sentido, e elaboram uma margem de manobra ou de liberdade a partir da qual encontram às vezes a energia necessária para se desprender daquilo que os bloqueava. A biblioteca apoia neste caso um gesto de desapego, de resistência, de transgressão dos limites estabelecidos. E contribui para que alguns jovens realizem *deslocamentos*, reais ou metafóricos, em diferentes terrenos de sua vida:

Do espaço íntimo ao espaço público

pode ser um ponto de apoio para que continuem seus estudos ou sua carreira profissional, impedindo assim que se detenham, imobilizados pelo fracasso escolar e o desemprego; pode sacudir a representação que têm de si mesmos, sua maneira de pensar, suas relações com a família, com o grupo de pertencimento, com a cultura de origem, e evita às vezes que sejam reféns de uma representação estereotipada dessa cultura; pode ajudar às moças a sair do confinamento no espaço doméstico, e oferecer aos rapazes uma alternativa para o gregarismo viril da rua e a delinquência; leva a outras formas de sociabilidade e de solidariedade; e pode conduzi-los a outras maneiras de morar e de perceber o bairro, a cidade, o país em que vivem.

A biblioteca não pode resolver tudo, reparar tudo, não sejamos ingênuos: ao sair dali, esses jovens se verão novamente confrontados com as segregações sociais, com a xenofobia, com a misoginia. Porém, estarão um pouco melhor armados para enfrentar tudo isso.

Nos países que se dizem democráticos, cabe àqueles a quem delegamos o poder permitir a cada um exercer seus direitos culturais. Entre esses direitos figura certamente o direito à educação, e em particular ao aprendizado da língua, essa língua que pode constituir uma terrível barreira social. E também, em um sentido mais amplo, o direito ao saber e à informação, sob todas as suas formas, inclusive aquelas que se servem de novas tecnologias, o que implica poder ser iniciado na sua utilização. Porém, entre esses direitos existe também o de se descobrir ou se construir, a partir de um espaço próprio, de um espaço íntimo. O direito a dispor de um tempo para si, um tempo de fantasia, sem a qual não há pensamento nem criatividade. O direito a compartilhar relatos, metáforas que os seres humanos vêm transmitindo há séculos, ou milênios. O direito a compartilhar textos ou descobertas que acabam de vir à luz no outro extremo do planeta, ou em uma cidade vizinha. Tudo isso que é parte integrante de nossa humanidade e que, em minha opinião, contribui à democratização de uma sociedade. De maneira necessária, favorável, porém não suficiente; também não sejamos ingênuos quanto a isto.

Podemos então prever que não é sem uma certa ambivalência que os poderes políticos, ainda que se digam democráticos, assumirão o risco de contribuir para que mais pessoas se tornem independentes, até mesmo mais rebeldes. E poderão tentar, de um modo mais ou menos consciente, limitar a leitura à sua vertente controlável. Por exemplo, querendo converter as bibliotecas em lugares destinados à filantropia, de vigilância, a fim de atenuar as tensões sociais, onde a pessoa estaria limitada às leituras "úteis", e a algumas revistas ou *best-sellers* de pouca qualidade.

Os jovens, aliás, têm plena consciência deste risco, como Matoub, que se construiu na companhia de Rimbaud, Breton, René Char, Proust, Paul Celan, e que se dedicou a estudar letras: "A leitura me ensinou a subversão, porém poderia ter me ensinado o contrário em definitivo... O que seria interessante é ver em que medida a biblioteca pode ser um espaço de nivelamento ou de neutralização da individualidade. Poderia ser isso também".

Proibições e paradoxos

Matoub pode ter algum motivo para estar preocupado: durante muito tempo os pobres foram considerados "por atacado", de um modo homogeneizante. O íntimo, a interioridade, a preocupação consigo mesmo, tudo isso não era para eles, era exclusividade das pessoas com recursos. Porém, ainda hoje, em nossos países, o direito à intimidade não é dado a todos. A ausência de intimidade talvez seja o melhor indicador da pobreza, mais ainda que os rendimentos. Quanto mais pobre a pessoa for, menos intimidade tem. E quando não se tem moradia — o nível mais baixo da escala social —, quando se vive em uma calçada, basta o mínimo gesto para ficar exposto ao olhar público. Quando alguém é um pouco menos pobre, está protegido do olhar dos passantes, porém vive com cinco ou oito pessoas em um mesmo cômodo, onde os dizeres e os gestos se mesclam a cada minuto. E à medida que ascende na escala social, ganha metros quadrados e dispõe de melhores condições materiais para proteger sua intimidade.

Porém, essas condições materiais não bastam para garantir o direito ao íntimo, e o direito, em particular, a sonhar dentro de um livro. Pois aparece também, com mais frequência do que imaginamos, o eco de um antigo medo: que o livro leve o leitor ou a leitora para longe dos seus, que os separe do grupo. Já o evoquei ao falar dos meios rurais, porém é algo que também encontramos nos meios populares urbanos. Escutemos Zuhal, por exemplo: "Meus pais desconfiavam das pessoas que liam. Lembro-me até de ouvir: 'Mas o que vocês vão fazer com todos esses livros? Não servem para nada, não leiam'. E acredito até que foi isso que nos incitou, minhas irmãs e eu, a ler e a continuar". Ou escutemos Zohra: "[Meus pais] não aceitavam que lêssemos por prazer. Era um momento à parte, um momento próprio, e era difícil para eles aceitarem que tivéssemos momentos para nós. Devia-se ler para a escola, devia-se ler para se instruir".

Nestes casos tratava-se de famílias muçulmanas, provenientes da imigração turca ou magrebina, e cuja relação com a leitura se modificou a partir de então, certamente graças a suas filhas. Mas em famílias francesas de várias gerações, ler pode ser algo igualmente temido ou denegrido: as moças serão repreendidas por se dedicarem a uma atividade "egoísta", e os rapazes, repreendidos por se dedicarem a entretenimentos de meninas. Na França, nos meios populares, os rapazes se controlam mutuamente para se proibirem de abrir um livro, e não é raro que os que gostam da leitura o escondam, para evitar a repressão que atinge "aquele que se obstina", que se entrega a essa atividade vista como "afeminada", "burguesa" e associada ao trabalho escolar.

E de fato, não é qualquer rapaz que se torna um leitor: é muitas vezes aquele que se diferencia do grupo, devido a um temperamento solitário, uma sensibilidade ou uma alteração depois de um encontro. Alguns rapazes escolhem assim um caminho singular e leem para elaborar essa singularidade. Outros vivem colados uns aos outros, temendo ficar cara a cara consigo mesmos, temendo a falta que a leitura pode evidenciar e a alteração que a acompanha. De minha parte, não acredito que os primeiros sejam definitivamente associais, nem tampouco que o gregarismo viril destes últimos anuncie uma maior aptidão para a sociabilidade. Esta talvez implique alguns rodeios, algumas idas e vindas. Penso no poeta Henri Michaux, que dizia: "Não se precipite na direção da adaptação! Guarde sempre como reserva um pouco de inadaptação!".[9]

Porém, como vocês veem, aí há um paradoxo: a leitura pode sustentar, consolidar de maneira decisiva um desejo de independência, mas não me parece que possa criá-lo por inteiro. Dedicar-se à leitura pressupõe já certa emancipação, e que a pessoa suporte ficar sozinha, confrontada a si mesma. Mais ainda quando se trata de leitura de obras literárias, que supõe que alguém consinta em se deixar captar, invadir, transportar.

A LEITORA

Estamos chegando quase ao final desta conferência e eu gostaria de fazer uma breve incursão na história. No momen-

---

[9] Henri Michaux, *Poteaux d'angle*, L'Herne, 1971.

to em que eu redigia estas notas, o acaso, que às vezes faz tão bem às coisas no terreno da leitura, quis que eu me deparasse com estas linhas do historiador Roger Chartier, que se interrogava sobre as origens culturais da Revolução Francesa:

> "[...] o essencial está menos no conteúdo subversivo dos livros 'filosóficos' — que talvez não tenham o impacto persuasivo que as pessoas lhes atribuem com demasiada generosidade — do que em um modo de leitura inédito que, ainda que os textos sejam totalmente adaptados à ordem política e religiosa, desenvolve uma atitude crítica, desprovida das dependências e obediências que davam fundamento a representações antigas".[10]

O essencial estaria em uma nova relação com o texto, mais livre, mais desenvolta, dessacralizada, menos reverente, em um novo modo de ler onde a leitura se torna um ato da intimidade silenciosa e solitária. Chartier observa também:

> "A onipresença da política imposta pela Revolução não é contraditória com a 'privatização' das condutas e pensamentos que a precederam. Ao contrário, foi justamente a construção de um espaço de liberdade, despojado da influência da autoridade estatal e voltado para o particular, que permitiu o nascimento do novo espaço público".[11]

O espaço de liberdade fundado sobre o íntimo e o particular, que Chartier evoca e que, segundo ele, seria a matriz de um novo espaço público, envolveria apenas, nesse final de

---

[10] Roger Chartier, *Les Origines culturelles de la Révolution Française*, Paris, Points/Seuil, 2000, p. 133 (ed. brasileira: *Origens culturais da Revolução Francesa*, São Paulo, Editora Unesp, 2009).

[11] *Ibid.*, pp. 279-80.

século XVIII, uma faixa ainda muito restrita da população. Sem dúvida, as mulheres desempenharam aí um papel muito importante: estudando um *corpus* de imagens de vários séculos, Daniel Fabre observa que todas as grandes transformações no *status* do livro estão associadas "à ação secularizada das mulheres". E são elas, em particular, que "majoritariamente, a partir do século XVII, são representadas lendo a sós", em um retiro íntimo. Segundo ele, os ilustradores reconheciam na leitura praticada por algumas mulheres "a vanguarda da modernidade no que diz respeito à leitura e, para alguns, um risco a se conjurar".[12]

Esse espaço íntimo, incontrolável, preocupava: no final do século XVIII multiplicaram-se as representações pictóricas ou literárias que mostravam uma casa de camponeses, onde um pai de família lia a Bíblia às mulheres e às crianças reunidas ao seu redor, submissas e silenciosas. Cito novamente Chartier, que comenta essas imagens em outro livro, *História da leitura no mundo ocidental*:

> "Nesta representação ideal da existência campestre, tão cara à elite letrada, a leitura comunitária significa um mundo em que o livro é reverenciado e a autoridade respeitada. Com essa figura mítica o que se denuncia, pelo que se vê, é o gesto ordinário de uma leitura contrária, citadina, negligente e desenvolta. A 'fúria da leitura', descrita como um perigo para a ordem política, como um 'narcótico' que distrai da verdadeira Ilustração, ou como uma desordem da imaginação e dos sentidos, se torna patente para todos os observadores contemporâneos. Não há dúvida de que ela desempenha um papel essencial no distanciamento que, por toda

---

[12] Daniel Fabre, "Lire au féminin", *Clio*, nº 11, 2000, Toulouse, Presses Universitaires du Mirail, pp. 186-7.

a Europa, e especialmente na França, começa a se dar entre os súditos e seu príncipe, entre os cristãos e suas igrejas".[13]

No século XIX, a figura da leitora vai se multiplicar. Ela é com frequência representada sozinha, absorta em sua leitura: trata-se sempre de uma relação intimista, muito interiorizada com o livro. A presença do livro não está fixa, diferentemente dos retratos de homens, em que é o símbolo do poder ou do saber intelectual.[14] Sobre esta mulher leitora, Martyn Lyons diz que ela é "uma pioneira das noções modernas de vida privada, de intimidade",[15] e Daniel Fabre observa: "ao elaborar a experiência do íntimo, elas orientam e englobam em seu conjunto a moderna sociedade dos indivíduos".[16] Mas essas pioneiras estavam naquele momento confinadas ao espaço privado; ainda não tinham o direito a se ocuparem, ao lado dos homens, dos assuntos da Cidade.

Hoje em dia se abre uma possibilidade de aprofundar a relação entre os termos "leitura" e "democratização", e isso graças às mulheres. Primeiro porque os mediadores do livro são em sua maioria mulheres, ou homens que não temem sua própria sensibilidade nem a companhia das mulheres. Elas têm um papel preponderante como agentes do desenvolvimento cultural, e um papel motor, muitas vezes discreto, na

---

[13] Guglielmo Cavallo e Roger Chartier, *Histoire de la lecture dans le monde occidental*, Paris, Seuil, 1997, p. 35 (ed. brasileira: *História da leitura no mundo ocidental*, 2 vols., trad. Fulvia M. L. Moretto, Guacira Marcondes Machado e José Antônio de Macedo Soares, São Paulo, Ática, 1998).

[14] Ver Martine Poulain, "Scènes de lecture dans la peinture, la photographie, l'affiche, de 1881 à 1989", em Anne-Marie Chartier e Jean Hébrard, *Discours sur la lecture, 1880-2000*, *op. cit.*, pp. 528-60.

[15] *Histoire de la lecture dans le monde occidental*, *op. cit.*, p. 377.

[16] "Lire au féminin", art. cit., p. 197.

mobilidade social. Enquanto, inversamente, nas regiões do mundo onde as mulheres são privadas da escolarização, o escrito circula pouco.[17] Em um sentido mais amplo, as mulheres contribuem para outras maneiras de viver junto, para outras concepções do espaço público e para outras solidariedades.[18]

A leitura é sem dúvida pouco compatível com certas formas de vida mais gregárias, e, no caso de um rapaz, talvez pressuponha uma dificuldade para participar dessas formas, ou então um desejo de traçar um caminho diferente. Mas não se deve confundir gregarismo com sociabilidade. E não se deve opor intimidade e sociabilidade. O íntimo e o compartilhado estão ligados de modo indissolúvel no ato de ler. Ao ler, muitas vezes experimentamos ao mesmo tempo nossa verdade mais íntima e nossa humanidade compartilhada. O que ocorre com esse direito ao íntimo, com esse direito a elaborar a própria subjetividade, talvez seja a passagem para formas de relação social distintas daquelas onde uns vivem colados aos outros, cerrando fileiras ao redor de um líder ou de um patriarca. Trata-se da passagem para outras formas de compartilhar, outras maneiras de viver junto e de falar. Não em uníssono, gritando todos ao mesmo tempo em um estádio. Mas a partir de múltiplas vozes. Como tentaremos, espero, fazê-lo agora.

---

[17] Ver Armando Petrucci, "As zonas geográficas onde a circulação do escrito é mais escassa ou ínfima são não apenas as mais desprotegidas do ponto de vista econômico, mas também aquelas onde a pressão demográfica é mais forte e onde a mulher é mantida fora da escolarização". Em *Histoire de la lecture...*, *op. cit.*, p. 404.

[18] Ver Georges Steiner e Antoine Spire, *op. cit.*, pp. 85-6: "Existem tantos outros mundos além dos nossos — no Terceiro Mundo etc., muito tempo depois de mim, depois de você, talvez haja novas fontes de confiança humana. É aí que, talvez, o feminismo tenha muito a nos dizer".

Do espaço íntimo ao espaço público

7.
APOLOGIA DO ENCONTRO[1]

para Marielle

Ni por gracia y hermosura
Yo nunca me perderé
Sino por un no sé qué
Que se halla por ventura

Juan de la Cruz

Quando Sylvia Castrillón me comunicou que esse Congresso teria como tema o encontro entre dois mundos, lhe propus que tentássemos fazer... uma apologia do encontro, simplesmente. Porém não de uma maneira geral, repleta de boas intenções, mas a partir de experiências, de exemplos que eu tomaria das conversas com jovens leitores com quem realizei entrevistas quando de minhas pesquisas, e também de alguns escritores que evocaram suas leituras de infância.

"Depois de tudo havia algo mais..."

Para entrar no assunto, eu lhes proponho escutar uma jovem mulher, Zohra, que conhecemos durante uma pesquisa realizada nos bairros pobres situados na periferia das cidades francesas, onde meus colegas e eu fizemos uma centena de entrevistas com adolescentes e adultos jovens que haviam

---

[1] Esta conferência foi lida no Congresso Mundial do IBBY (International Board on Books for Young People), em Cartagena de Índias, Colômbia, em 22 de setembro de 2000.

frequentado uma biblioteca municipal.[2] Quando começamos a falar com Zohra, a primeira frase que nos disse foi esta: "A biblioteca foi um encontro extraordinário porque eu modifiquei o curso de minha vida". E nos contou sua história, uma história cujo caminho estava traçado de antemão: seus pais vieram da Argélia e haviam crescido no seio de uma cultura rural e oral totalmente afastada dos livros; não lhes interessava que suas filhas estudassem e depois exercessem uma atividade profissional, já que para eles a "tradição" muçulmana parecia ditar que as moças ficassem confinadas no espaço doméstico, e também porque pensavam em regressar a seu país assim que tivessem conseguido economizar um pouco de dinheiro. Às pressões dos pais se somava a programação social para que a trajetória escolar de Zohra fosse abreviada.

Nesta história, entretanto, se produziram encontros que mudaram o curso de seu destino. O primeiro, com uma professora, quando Zohra era muito pequena. Escutemo-la:

"Adorava a professora, escrevia-lhe cartões-postais que nunca enviava. Era muito ligada aos professores porque transmitiam coisas, estavam ali, eram pessoas sensatas, que raciocinavam, que compreendiam, enquanto meus pais não compreendiam. Eram adultos diferentes daqueles com quem eu convivia em meu círculo. Deram-me uma força. Definitivamente havia algo mais, havia outras pessoas além dos pais, da vida tradicional em família. Ajudavam-me a me abrir para o exterior, da mesma forma que as bibliotecárias. Eram outros adultos que não me consideravam um bebê ou uma menina que deve fazer as tarefas de casa. Vivíamos em um casulo familiar muito forte. Meus pais nunca recebiam visitas,

---

[2] Ver Michèle Petit, *Os jovens e a leitura*, *op. cit.*

amigos franceses ou argelinos [...] É muito difícil ser jovem e ter somente essa referência. Tem-se a impressão de estar completamente isolada. O livro era a única forma de sair disso, de me abrir um pouco".

"Definitivamente havia *algo mais*..." Talvez o essencial resida aí, nessa ideia que se repetiu em várias entrevistas: a descoberta de uma alternativa, de uma margem de manobra, de uma abertura, como disse Zohra, e também, às vezes, de outro olhar sobre a criança que acabe por lhe dar uma "força". Esse "algo mais" quem lhe dá são os professores, as bibliotecárias, a biblioteca como lugar, os usuários que encontra ali, os próprios livros — e em seu relato eles todos se mesclam.

Observemos, por exemplo, a evocação desta professora para quem ela escrevia cartões-postais que nunca enviava. Sem o saber, esta mulher talvez tenha desempenhado precocemente o papel de destinatária em um processo parecido ao da transferência psicanalítica: quer dizer, alguém que acolhe as palavras do outro, que é testemunha de seu desejo, com o qual mantém uma relação próxima ao amor. Talvez Zohra tenha sentido vontade de ler e escrever "por transferência", por amor a alguém que gostava de ler e escrever, como era o caso desta professora; e com as bibliotecárias que ela admirava, que lhe mostravam que havia outra vida possível, fora de casa. Escutemo-la novamente:

"[A biblioteca] me permitia sair de casa, conhecer pessoas, ver coisas interessantes [...] Ia à biblioteca para ler, por meus livros, para escolhê-los, e pelo contato com as bibliotecárias [...] Houve mulheres bibliotecárias que me marcaram muito. É um trabalho muito feminino. As mulheres são também as melhores leitoras do mundo, apesar de terem menos tempo que os homens!".

Zohra tinha fascinação pelas letras desde pequena; tinha um sonho: tornar-se impressora. No entanto, como lhes disse, teve um percurso escolar reduzido:

> "Em francês tinha boas notas; gostava de francês porque havia leituras. Porém logo me pediram que fizesse uma série de matérias que não eram de leitura, matérias científicas, matemática, e eu era incapaz de fazê-lo. A escola não foi um prazer, não me ajudou, apesar da importância da leitura para mim. Não me ajudaram a sair das situações difíceis. Até mesmo me deixaram afundar. Orientaram-me para seguir um trajeto curto. Foi assim que me tornei secretária sem muita paixão".

Mas um dia, para sua sorte, encontrou uma mulher que trabalhava na biblioteca, e que lhe propôs que substituísse uma secretária por alguns meses. Foi nessa ocasião que decidiu se tornar bibliotecária: formou-se de maneira autodidata, submeteu-se a concursos e finalmente obteve seu posto.

Entretanto, não foi apenas seu destino profissional que acabou modificado, pois a biblioteca e os livros também a levaram a outros encontros essenciais: ao encontro consigo mesma, com regiões de si própria que não conhecia bem, que a assustavam. Como as que têm a ver com o corpo, com a sexualidade, sobre a qual nunca lhe haviam falado nada. Escutemos como foi sua descoberta de Anaïs Nin:

> "Através da biblioteca pude ter acesso a temas-tabu. [...] Quando falo de Anaïs Nin, é porque descobri uma mulher que escreve literatura erótica extremamente bem, reconhecida no mundo todo. Aprendi com ela coisas sobre minha vida sexual, sobre minha intimidade, que ninguém até então havia me ensinado [...] Ao mesmo tempo me permitiu compreender coisas, descobrir o mundo, Mark Twain, passando por grandes sagas histó-

ricas. Descobri que havia vidas fascinantes e também temas íntimos".

Tanto em casa como na escola, havia outro tema sobre o qual todos guardavam silêncio: alguns capítulos negros da história ocorridos pouco antes de ela nascer, que opunham seu país de origem, a Argélia, ao país onde vivia agora, a França:

"[O que eu lia?] a literatura magrebina, de onde eu vinha, a história da Argélia, minha história. Porque meu pai lutou na guerra da Argélia e nunca nos falou sobre isso. Entendo que ele não possa falar, como entendo que muitos franceses não possam falar dela. Viveram coisas dolorosas e também fizeram com que a população argelina vivesse coisas muito dolorosas. Mas ao mesmo tempo nós permanecemos sem respostas. É preciso encontrar respostas. É preciso que haja... pessoas com histórias [...] Todos temos uma história e é preciso buscá-la. Às vezes toma tempo fazê-lo, encontrar referências que nos permitam, em um determinado momento, ter uma história e viver com ela o tempo todo".

As leituras de Zohra não apagaram as humilhações ou as feridas da terrível guerra que seus pais viveram, porém serviram para romper o silêncio. Essas feridas adquiriram direito de expressão, de memória. Ao recuperar sua história, Zohra pôde liberar-se dela, abrir-se tanto aos romancistas argelinos contemporâneos como aos ocidentais, e confirmar sua adesão à laicidade e aos direitos das mulheres. E ao frequentar a biblioteca, Zohra também pôde incorporar-se à história da França, pois durante uma exposição sobre a Segunda Guerra Mundial conheceu testemunhos de ex-membros da resistência contra o nazismo, de ex-deportados que se lembravam de seus combates, e se sentiu próxima a eles.

Apologia do encontro

Deste modo pôde conjugar em seu interior dois universos culturais que ao longo da história haviam feito a guerra.

Tudo isto voltei a encontrar em outras entrevistas, por exemplo, com Daoud, um rapaz de origem senegalesa que também insiste na importância do encontro:

> "Quando moramos na periferia, estamos destinados a ter uma escola ruim, um péssimo trabalho. Há uma porção de acontecimentos que nos fazem seguir numa certa direção. Mas eu soube me esquivar desse caminho, tornar-me anticonformista, ir em outra direção, é esse o meu lugar... Os que vagam pelas ruas fazem aquilo que a sociedade espera que façam e é tudo. São violentos, vulgares e incultos. Dizem: 'Vivo na periferia, sou assim', e eu era como eles. O fato de existirem bibliotecas como esta me permitiu entrar aqui, conhecer outras pessoas. Uma biblioteca serve para isso [...] Eu escolhi minha vida e eles não tiveram escolha".

"Escolhi minha vida", disse Daoud; "modifiquei o curso de minha vida", dizia Zohra. Estes jovens estabelecem um vínculo explícito entre o encontro com uma biblioteca e os bens e pessoas que ali estão e o fato de elaborar uma posição de sujeito, de sair dos caminhos já traçados, de poder realizar deslocamentos em um campo ou outro da vida. Não tenho tempo para lhes contar a história de Daoud, porém para ele também foi determinante o encontro com alguns professores, alguns bibliotecários, alguns livros. E, como Zohra, pôde elaborar sua própria construção, sua própria cultura, e se alegrar pelo fato de conhecer tanto as sonoridades da língua peul que seus parentes lhe transmitiram, como os grandes escritores ocidentais:

> "[Se dissesse que] Kafka, Orwell, Proust, Faulkner ou Joyce não são bons porque eram ocidentais, estaria

fazendo exatamente o mesmo que eles [os ocidentais] fizeram com as demais civilizações, com os demais continentes, e eu sou contra isso. Sou contra o Ocidente, sua política e sua teoria de dominação hegemônica, mas nunca ficarei contra a cultura, as atividades artísticas".

Deixemos estes jovens por um momento. Um encontro, como todos sabemos por experiência própria, pode ser a oportunidade para mudar nosso destino, pois em grande parte este já está escrito antes mesmo de nascermos: já estamos inscritos nas linhas de pertencimento social e inclusive carregamos estigmas com os quais teremos de conviver durante toda a vida; estamos igualmente presos em histórias familiares, com seus dramas, suas esperanças, seus capítulos esquecidos ou censurados, seus lugares designados, seus gostos herdados, suas maneiras de dizer ou de fazer. Porém, às vezes, um encontro pode nos fazer vacilar, fazer balançarem nossas certezas, nossas relações de pertencimento, e nos revelar o desejo de chegar a um lugar onde ninguém nos espera. Nossas vidas são feitas de heranças que deixam sentir todo o seu peso e dessas repetições cuja importância a psicanálise tem assinalado; mas também são feitas de movimento, que nos alegra ou nos causa medo, quase sempre ambas as coisas; desse movimento que vem justamente com os encontros.

Isto pode ocorrer quando nos apaixonamos, nesses momentos em que sentimos "o chamado do mar", como dizia Rilke, em que a força do desejo sacode a poeira do mundo e nos torna inventivos e rebeldes. É uma experiência amplamente compartilhada e também um tema romanesco: muitos escritores e cineastas se dedicaram a mostrar como um encontro, ainda que sem futuro, pode fazer um destino vacilar. De uma maneira similar, esse movimento pode se dar quando descobrimos homens ou mulheres que despertam nossa admiração, como Zohra, que admirava sua professora; homens e mulheres de quem sonhamos roubar certo traço de personalidade, certa paixão, certa curiosidade, para podermos nos unir a eles. Seres que parecem guardar em seu interior um saber sobre nossos desejos mais secretos; depois de havê-los encontrado, ainda que fugazmente, já não somos exatamente os mesmos.

O desejo de movimento pode provir também de encontros com lugares, com paisagens, com objetos diferentes, insólitos, em particular se tivermos a oportunidade de fazer uma viagem e deixarmos que o imprevisto se instaure. Ou pode provir de nossas leituras, nesses momentos em que as palavras topam com o que estava paralisado sobre uma imagem para lhe dar novamente vida, nesses encontros em que a pessoa pensa, como dizia Breton em *O amor louco*: "É realmente como se eu estivesse perdido e alguém viesse de repente me dar notícias de mim mesmo".[3]

Zarpar

Mas voltemos a esses jovens cujas experiências eu evocava. O que experimentaram em seu encontro com os livros, algumas vezes desde bem pequenos, foi a presença das possibilidades. Lugares distintos, externos. A força para sair dos postos designados, dos espaços confinados.

Esse sentimento de estarmos fechados, podemos experimentá-lo não importa qual seja a nossa classe social. Entretanto, quando se é pobre, a exposição a ele é maior, pois o que distingue as categorias sociais é, entre outras coisas, o horizonte mais ou menos vasto daqueles que as compõem. O horizonte popular urbano, como também o horizonte rural, era, e ainda é, muitas vezes, o casulo do qual falava Zohra: a família, o próximo, a vizinhança, "nós", enquanto o resto

---

[3] André Breton, *L'Amour fou*, Paris, Gallimard, 1966, p. 11.

Leituras: do espaço íntimo ao espaço público

do mundo são "eles", cujos traços são mal definidos.[4] Albert Camus dizia inclusive que a miséria era "uma fortaleza sem ponte levadiça". Mas no seu caso, como no de Zohra, existiram algumas: um professor, a quem expressou por escrito seu reconhecimento quando recebeu o prêmio Nobel; e uma biblioteca municipal sobre a qual disse: "O que continham os livros no fundo importava pouco. O importante era o que experimentavam na entrada da biblioteca, de onde não se viam muros de livros negros, mas sim um espaço e horizontes múltiplos que, desde a soleira da porta, tiravam-lhes da vida estreita do bairro".[5]

Isto é precisamente o que a leitura e, sobretudo a leitura literária, oferece em abundância: espaços, paisagens, passagens. Linhas de fuga, traçados que reorientam o olhar. Escutemos Rosalie evocar a biblioteca que frequentava quando criança:

> "A biblioteca, os livros, eram a maior felicidade, a descoberta de que havia outro lugar, um mundo, mais longe, onde eu poderia viver. Às vezes havia dinheiro em casa, mas o mundo não existia. O mais afastado que íamos era na casa de minha avó, nas férias, nos limites do município. Sem a biblioteca eu teria ficado louca, com meu pai gritando, fazendo minha mãe sofrer. A biblioteca me permitia respirar; salvou-me a vida".

Esta promessa de que existe outro lugar, de não estar condenado para sempre à imobilidade, é o que deixa as crianças felizes, simplesmente; o que impede que algumas delas

---

[4] Richard Hoggart, *La Culture du pauvre*, Paris, Minuit, 1970, pp. 65-9 e 98-105.

[5] Albert Camus, *Le Premier homme*, Paris, Gallimard, 1994, pp. 224-9 (ed. brasileira: *O primeiro homem*, Rio de Janeiro, Nova Fronteira, 2005).

enlouqueçam, encurraladas em universos devastados pela violência. O que permite sonhar e portanto pensar. Cada um à sua maneira, muitos dos jovens que entrevistei expressaram o mesmo. Para Rodolphe, a descoberta da biblioteca era a descoberta de "um lugar onde se podia consultar o mundo". "É algo da mesma ordem do encontro", disse também Ridha. E prossegue:

> "Acredito que o sentimento de asfixia experimentado por um ser humano se dá quando sente que tudo está imóvel, que tudo ao seu redor está petrificado [...] É como um passarinho que alguém fechou em uma gaiola, que foi esquecido e morreu [...] Quando era pequeno, cada livro era uma alternativa, uma possibilidade de encontrar saídas, soluções para problemas, e cada um era uma pessoa, uma individualidade que eu podia conhecer no mundo. Através da diversidade dos livros e das histórias, há uma diversidade das coisas, e é semelhante à diversidade dos seres que povoam esse mundo e que gostaríamos de conhecer; e nos parece uma lástima que dentro de cem anos não estaremos aqui e não teremos conhecido aquele que vive no Brasil ou que vive em outro lugar...".

Esta multiplicação das possibilidades e este maravilhar-se frente à diversidade são muitas vezes associados, no discurso dos leitores, à descoberta de um espaço radicalmente distinto, de um espaço distante. Como no caso de Rhida, que, no decorrer das frases, menciona "aquele que vive no Brasil", o que "vive em outro lugar". Esse "outro lugar", esse chamado de um lugar diferente, essa abertura para o desconhecido, é o que faz despertar nestes jovens seu desejo, sua curiosidade, sua interioridade.

É o que eles dizem, e também alguns escritores que eu gostaria de citar para fazer um contraponto. Pierre Bergounioux, por exemplo, que quando criança vivia em uma sonolenta província francesa e visitava todo sábado a biblioteca municipal para mergulhar em obras cujo interesse residia, segundo disse, "no afastamento das coisas que diziam":[6] "A biblioteca permitia que nossos pensamentos se ampliassem até os antípodas, até a China ou o México".[7]

"Existiam outras coisas diferentes das que havíamos tocado, e também outras maneiras de fazer [...] As leituras de sábado não me faziam apenas esquecer temporariamente do local em que me encontrava lendo, do livro judiado que segurava. Não voltava com as mãos vazias daquela lonjura para onde eu tinha me dirigido durante a tarde. O cômodo silencioso, a claridade difusa, gasta, dos vitrais de chumbo quando eu voltava a tocar o chão, não eram absolutamente os mesmos — e eu me sentia menos descontente porque tinha me ausentado por um tempo. Não eram os mesmos ainda que as terras por onde eu caminhava, vivia, tirassem seu prestígio e seus céus, seus pássaros, suas palmeiras, suas neves e suas águas, e até o solo, do volume empoeirado no qual eu havia mergulhado o nariz".[8]

De novo, essa descoberta essencial: há outras coisas além das que nos cercam; de novo a distância, o que Bergounioux chama "o fervor do externo". Mencionemos também, de passagem, a insólita aproximação das palmeiras e da neve.

---

[6] Pierre Bergounioux, *La Mort de Brune*, Paris, Gallimard, 1996, p. 117.

[7] Pierre Bergounioux, *Kpélié*, Charenton, Flohic Éditions, 1997, p. 25.

[8] *La Mort de Brune, op. cit.*, p. 118.

Apologia do encontro

Tenho a impressão de que não se tem falado o suficiente deste "fervor do externo". A psicanálise, por exemplo, que tanto influenciou minha formação intelectual e pessoal, me deixou um pouco em falta quanto a este tema. Sei que nossa pulsão de conhecimento deve muito às perguntas sobre a sexualidade que nos fazíamos quando crianças, a nosso desejo de explorar o interior, o interior do quarto dos pais e o interior do corpo materno. Talvez essa pulsão também tenha sua origem em outro movimento, muito precoce, que nos empurra para esse exterior pleno de cores que descobrimos ao nascer.

A DISTÂNCIA E A INTERIORIDADE

Através desta exterioridade, desta distância, também nos aventuramos em nós mesmos; é nosso próprio eu que encontramos no final do caminho. Não um "eu" social, absolutamente inteiro no olhar que recai sobre ele, mas sobretudo o outro eu, o desconhecido. Esse outro eu que anseia por um espaço fora do cotidiano e por palavras formuladas em outra língua desviada do seu uso normal, uma língua que nos afasta do tom habitual de nossos dias.

Escutemos Jean-Louis Baudry, que escreveu um livro dedicado à criança-leitora que foi um dia, em que evoca o que chama de "as imensas reservas amazônicas da interioridade":

> "Todos sabemos bem quando se é criança; cada um de nós deve enfrentar as mesmas potências subterrâneas. Estas vivem em nós e, para se revelarem, esperam apenas que sejam interrogadas em condições propícias e com instrumentos apropriados. Os livros eram esses instrumentos. Graças e eles, sem ter de mudar de lugar, nós mudávamos de lugar. [...] Por mais estranhos que pudes-

sem parecer estes lugares, e porque eram estranhos, tão fantásticos e inconcebíveis precisamente porque eram fantásticos e inconcebíveis, ao penetrar neles, penetrávamos em nós mesmos".[9]

Walter Benjamin descreve quase a mesma experiência em seu texto *Infância berlinense*:

"Para ler eu tapava os ouvidos [...] Os países distantes que encontrava nessas aventuras jogavam familiarmente entre si como flocos de neve. E, assim como a distância que, quando está nevando, conduz nossos pensamentos não para um horizonte mais amplo, mas para o interior de nós mesmos, Babilônia e Bagdá, San Juan de Acre e Alasca, Tromsö e el Transvaal se encontravam dentro de mim".[10]

Uma vez mais, encontramos o distante, o estranho que conduz para dentro de nós mesmos, essa conjunção de estranhamento e reconhecimento. E também a curiosa aproximação de San Juan de Acre na Síria e o Alasca, o fogo e o gelo que se mesclam dentro da criança, tal como, pouco antes, em Bergounioux, as palmeiras e a neve.

Necessitamos do distante. Quando alguém cresce em um universo confinado, essas fugas podem até se revelar vitais. Porém, em todos nós elas consolidam a elaboração da subjetividade e a própria possibilidade do pensamento. A expansão do espaço exterior permite a expansão do espaço interior. Sem esta fantasia, que é uma fuga do que está pró-

---

[9] Jean-Louis Baudry, *L'Âge de la lecture, op. cit.*, p. 93.

[10] Walter Benjamin, *Enfance berlinoise*, traduzido ao francês por Jean Lacoste, Paris, Maurice Nadeau, 1998, p. 89.

Apologia do encontro

ximo[11] em direção a lugares distintos e ilimitados cujo destino é incerto, não há pensamento possível. As relações entre o distante e o pensamento já foram abordadas por alguns filósofos como Heidegger, para quem pensar é "aproximar-se do distante".[12] Ou Hannah Arendt, que escreveu:

> "Viajamos para examinar de perto curiosidades distantes; e muitas vezes apenas na recordação retrospectiva, quando a impressão já não nos afeta, as coisas que vimos se tornam completamente próximas, como se então revelassem pela primeira vez seu sentido porque já não estão mais presentes. Esta inversão das relações, isto é: que o pensamento afasta o próximo, ou seja, se retira do próximo e se aproxima do distante, é decisiva se quisermos ter alguma luz sobre a morada do pensamento".[13]

ULISSES, CALIPSO
E AS FAMÍLIAS RECONSTITUÍDAS

Como vocês devem ter percebido, desviei-me um pouco do tema. Iniciei este percurso celebrando o encontro e agora estou evocando o distante. Mas são os próprios leitores que me fizeram desviar; são eles que associam o encontro com os livros com uma ampliação das possibilidades graças à descoberta de um lugar distinto, de um espaço distante. São eles

---

[11] Gaston Bachelard, *La Poétique de l'espace*, Paris, Presses Universitaires de France, 1972, pp. 168-9 (ed. brasileira: *A poética do espaço*, São Paulo, Martins Editora, 2008).

[12] Martin Heidegger, "Sérénité", em *Questions III*, Paris, Gallimard, 1996, p. 196.

[13] Hannah Arendt, *Vies politiques*, Paris, Tel/Gallimard, 1974, p. 136.

também que, frequentemente, falam de leituras que os transportam para universos aparentemente longínquos, mas que lhes revelaram porções inteiras de si mesmos. E se dedicarmos um tempo a escutar os leitores, muitas vezes nos sentiremos surpresos e encantados pelo insólito desses encontros e pelas relações audaciosas que eles estabelecem. Já o havia mencionado em outras ocasiões, porém quis deter-me um pouco: um leitor nem sempre escolherá um livro que fale de uma situação parecida com a que vive; um texto assim poderia até lhe parecer uma intromissão, enquanto em um livro que evoca um mundo totalmente diferente encontrará palavras que lhe devolverão o sentido de sua experiência. O distante apresenta também neste caso algumas virtudes.

Não tenho muito tempo para citar exemplos, o que é uma pena porque eles são sempre repletos de ensinamentos. O primeiro tomo de minha afilhada de quatro anos, que é adotada. Não sei como ocorre aqui, mas na França costuma-se classificar os livros nas livrarias ou bibliotecas por categorias temáticas destinadas a ajudar os pais a escolher títulos relacionados com as dificuldades pelas quais seus filhos passam: o nascimento de uma irmãzinha, o ingresso na escola, a descoberta da sexualidade, a morte de um ente querido. Há algum tempo encontra-se também a categoria "adoção". Alguém comprou um livro sobre esse tema e o leu, conscienciosamente, para a minha afilhada. Entretanto, o que lhe permitiu simbolizar sua experiência não foi essa obra feita sob medida, repleta de boas intenções, que escutou dando mostras de indiferença e tédio. O que lhe disse algo sobre si mesma, sobre sua experiência, foi... Tarzan, história que pedia que lessem e relessem para ela, dia após dia, sobretudo as passagens em que, criança, Tarzan encontrava-se nos braços da macaca Kala. Em nenhuma livraria teve-se a ideia de colocar na seção "adoção" a história desse menino criado pelos macacos. Um dia contei esta história para a diretora de uma escola maternal, que fez uma observação bem pertinente:

Apologia do encontro

disse que Tarzan era muito forte e salvava todo mundo, diferentemente dos pequenos bebês-objetos sobre os quais as famílias se compadeciam nos livros sobre adoção. Em todo caso era mais divertido e estimulante identificar-se com Tarzan que com uma pequena vítima. E ver papai e mamãe como um macaco e uma macaca.

Tomo o segundo exemplo da mesma diretora. Ela me contou que, certo dia em que lia às crianças o episódio da *Odisseia* em que Ulisses passa vários anos junto à ninfa Calipso, elas começaram a discutir espontaneamente depois que uma comentou que seu pai, como Ulisses, havia deixado por um tempo sua mãe para viver com outra mulher. Isto possibilitou que revisassem as diferentes formas de famílias em que uma criança podia crescer (famílias reconstituídas, polígamas, monoparentais, homoparentais, etc.). Enquanto isso, alguns professores, com as melhores intenções do mundo, abordam diretamente estas questões pedindo às crianças, por exemplo, que elaborem suas árvores genealógicas, o que me parece uma intromissão já que talvez algumas crianças não tenham a menor vontade de apresentar sua vida privada diante da classe e sem nenhuma mediação. A história de Ulisses e Calipso oferecia esse desvio, esta mediação, através do afastamento temporal e geográfico, através da forma de um texto legítimo, reconhecido, compartilhado, cuja natureza permite objetivar a história pessoal, circunscrevê-la ao exterior.

Esta qualidade da metáfora para deslocar, para afastar nossas preocupações, é utilizada deliberadamente por alguns psicanalistas com a finalidade de suavizar os temores de algumas crianças ou adolescentes. Para que as imagens, muitas vezes cruas e repetitivas, que assombram estas crianças se tornem negociáveis por meio do pensamento é necessário, segundo Serge Boimare, "que essas imagens não apenas tenham sido tomadas e devoradas dos filmes, confidências radiofônicas ou noticiários violentos, mas que contenham a distância, a complexidade e a reversibilidade da cultura". E é nesses mitos antigos ou em Júlio Verne que este terapeuta busca suas metáforas.[14]

Acrescento que a este distanciamento que favorecem os mitos, os contos, os romances, a poesia e a pintura, deveria se unir o simples prazer da transposição, do empréstimo, do desvio. O prazer do deslocamento, cujo conteúdo deveria ser analisado mais detalhadamente e que talvez se relacione com o fato de que, segundo Freud, o deslocamento e a condensação são precisamente os mecanismos que regem o funcionamento do inconsciente.

FECUNDIDADE DO ENCONTRO

Da experiência dos leitores, parece-me que devemos tirar alguns ensinamentos. De imediato este: embora possa ser vital que cada um tenha acesso a meios para encontrar um vínculo com sua própria história ou sua cultura de origem — tal como vimos há pouco no caso de Zohra e da Argélia —, isso não significa que deva limitar-se a ela. Temos direito a uma história, porém também temos direito à metáfora, ao desenraizamento, ao desvio, à ampliação de nosso universo cultural. E a leitura pode ser justamente um caminho privilegiado para nos oferecer ambas as coisas, para nos permitir conjugar vários universos.

Temos direito a uma história, sobretudo quando esta tem sido censurada ou quando nem sequer foi transmitida; quando se rompeu o laço com a cultura de origem, como ocorre com tanta frequência em nossa época com essas crianças e adolescentes cujos pais, provenientes de uma cultura rural e oral, vieram tentar a sorte na periferia das grandes metrópoles. Quando se foi acalentado em uma língua, em

---

[14] Serge Boimare, *L'Enfant et la peur d'apprendre*, op. cit. (ed. brasileira: *A criança e o medo de aprender*, op. cit.).

Apologia do encontro

uma cultura, e depois se viu obrigado a crescer em outra completamente distante da primeira e na qual se encontra marginalizado, a capacidade de simbolizar pode ser afetada. Deve então construir passagens entre ambas, conciliá-las, conjugá-las. Recuperar o passado para que possa haver um futuro, para evitar esse desconcerto identitário que se une à miséria econômica e condena à errância, ao ódio de si mesmo e à violência.

Como disse Ridha, o jovem que já citei:

> "É difícil pensar para frente quando não há nada atrás. [...] Há um patrimônio que não foi transmitido e que não foi integrado talvez porque nos disseram que era incompatível com o patrimônio daqui, mas acredito que nada é incompatível. Tudo o que se aprende é compatível, tudo o que vivemos nos formou".

É verdade: tudo o que se aprende é compatível, e podemos integrar em nosso interior, jogar com vários universos culturais, vários países. A leitura, e às vezes outras práticas, permitem o encontro de culturas que até então estavam em conflito, a elaboração de um espaço simbólico onde se pode encontrar um lugar em vez de se sentir rejeitado de todos os lados. O que aprendi escutando os leitores é que, por meio das descobertas feitas nos livros, pode-se juntar elos da própria história, integrar elementos da cultura de origem, talvez para não mais lhe pagar uma dívida, de maneira mais ou menos consciente, e poder apropriar-se também de outra cultura.

Um jovem de origem argelina pode desfrutar das canções que escutava quando criança e ser fanático por Rimbaud e Breton. Uma jovem turca que vive em um bairro pobre de alguma cidade francesa pode gostar de ler seu compatriota Yachar Kemal — porque lhe oferece as histórias e as paisagens de uma terra perdida — assim como de algumas passagens do filósofo Descartes — porque lhe dão a ideia de como uma argumentação benfeita pode ajudar a recusar um matrimônio forçado. Uma professora que nunca saiu de seu vilarejo na Bretanha, que conserva um "respeito e um orgulho de suas origens", pode adorar os escritores japoneses porque, como ela diz: "Mishima é delicadeza, flores japonesas, é seda". Uma criança de origem africana pode gostar de deslizar na pele de um cavaleiro da Idade Média para imaginar-se seduzindo a princesa que se senta no fundo da classe: não se trata aqui de um gesto de submissão à cultura ocidental, mas de uma apropriação divertida, do prazer de um diálogo com o texto exótico ou, mais ainda, com um fragmento de texto.

São estes tipos de encontros que permitem apropriar-se de uma cultura *a priori* estrangeira, em vez de imaginá-la como um templo cujas portas não se está autorizado a ultrapassar devido à sua origem social ou étnica. O fato de estar entre duas culturas, entre dois lugares, pode ser vivido então como uma riqueza, até como uma oportunidade, e não como um sofrimento.

Ao comentar o fato de que "ao longo deste século os artistas plásticos ocidentais pilharam alegremente as lojas da África, Ásia e das Filipinas [esqueceu-se das Américas]", Salman Rushdie escreveu: "Estou certo de que podemos nos permitir a mesma liberdade".[15] Acredito que Rushdie tenha razão, e isso é precisamente o que fazem muitos jovens que praticam a leitura de maneira intensa ou episódica e elaboram sua própria montagem, sua própria composição, fuçando nos bolsos de escritores de vários continentes. Como diz Ridha, não há nada incompatível. Ou, como escreve o filósofo Jean-Luc Nancy: "O gesto da leitura é em si mesmo um gesto de mesclar — é enfrentar, confrontar, transformar, re-

---

[15] Salman Rushdie, *Patries imaginaires*, Paris, 10/18, p. 31.

orientar, desenvolver, recompor, combinar, fazer uma bricolagem".[16] O que cada um elabora em seu canto se efetua também em maior escala: as culturas se encontram, se fecundam, se alteram e se reconfiguram.

O MEDO DAS MESCLAS

Mas é precisamente este ato de mesclar, este encontro do um e do outro, o que se nega com tanta frequência. Nestes dias falamos do Norte e do Sul, do Velho Mundo e do Novo Mundo. O Norte saqueou o Sul, porém raramente se interessou em conhecer suas peculiaridades. Os museus do Norte devem muito aos países do Sul, seja porque os saquearam pura e simplesmente, seja porque os artistas buscaram neles sua inspiração ou um novo vigor. A cultura ocidental se construiu sobre uma base de rapinas das quais já se disse tudo. De rapinas e relatos. Pois tão logo o Ocidente descobria esses "novos mundos", os cobria de palavras e de fantasias. As costas longínquas se convertiam em continentes negros, fascinantes e assustadores. Em contrapartida, o ocidental quase nunca se preocupou com as culturas reais desses países, a não ser para aniquilá-las ou ofendê-las. Um encontro também pode ser um combate. O que opôs o Norte ao Sul não foi um combate leal. E ainda não terminou.

Como reação, algumas regiões do Sul não quiseram mais saber nada do Norte. Algumas vezes essa barreira foi vital para salvar o que ainda podia ser salvo. Mas nas formas extremas que conhecemos no final do século XX, as febres identitárias chegaram até a obsessão de pureza, à fobia do encon-

---

[16] Jean-Luc Nancy, *Être singulier pluriel*, Paris, Galilée, 1996, pp. 176-7.

142   Leituras: do espaço íntimo ao espaço público

tro, da alteração. Na França, alguns jovens, cujos pais são imigrantes, encontram aí a justificativa para rejeitar a escola e os livros, vistos como símbolos da cultura "dominante": "Não estamos mais no tempo dos missionários. Temos uma cultura, como vocês. Não nos imponham a sua". Porém esses mesmos jovens passam horas, sem nenhum tipo de preocupação, diante de videoclipes ou séries de televisão, abandonados a outras palavras — muito mais pobres — da cultura "dominante".

De um modo semelhante, alguns assistentes sociais, alguns mediadores, movidos por sua consciência pesada e seu medo do livro, propõem às crianças ou aos adultos provenientes de meios pouco familiarizados com os livros, apenas leituras supostamente "adequadas" a suas supostas "necessidades": por exemplo, obras "úteis", que poderão usar em sua vida cotidiana, ou textos que reflitam fielmente suas experiências. Uma vez mais vemos estas crianças e estes adultos impedidos de realizar deslocamentos, confinados ao próximo, ao semelhante a eles mesmos.

Esta proibição de mover-se não se aplica apenas no caso dos pobres: por exemplo, enquanto redigia esta conferência soube que em um hospital de Paris os médicos e as enfermeiras temiam que os livros onde figuravam crianças correndo traumatizassem os pequenos com paralisia. Que sadismo inconsciente era este que queria privar as crianças de correr ainda que fosse em sua imaginação? E isso me faz pensar em uma menina paraplégica, em outro hospital, cujo livro preferido era um álbum que lhe permitia justamente se projetar em um coelho que corria com seus patins pelas ruas da cidade. Sim: ler pode nos transformar em ousados coelhos que se apropriam por um momento de todo o espaço dos livros que percorrem, de todas as ruas do mundo, de todas as épocas.

Apologia do encontro

O direito à metáfora

É preciso lembrar que é tarefa dos mediadores do livro permitir que todos tenham acesso a seus direitos culturais. E que entre estes direitos figura, certamente, o direito ao saber e à informação em todas as suas formas. Figura também o direito ao acesso à própria história e à cultura de origem. Também o direito a se descobrir ou se construir com a ajuda de palavras que talvez tenham sido escritas do outro lado do mundo ou em outras épocas; com a ajuda de textos capazes de satisfazer um desejo de pensar, uma exigência poética e uma necessidade de relatos que não são exclusividade de nenhuma classe social, de nenhuma etnia.

Não lemos apenas para dominar a informação, e a linguagem não pode se reduzir a um instrumento, a uma ferramenta de comunicação. Não lemos apenas para chamar a atenção nas reuniões ou para imitar os burgueses que, aliás, não são todos leitores, longe disso. Muitas mulheres e alguns homens, em número um pouco menor, leem pelo prazer de descobrir e para inventar um sentido para suas vidas, inclusive nos meios populares. Para sair do tempo, do espaço cotidiano e entrar em um mundo mais amplo; para se abrir ao desconhecido, se transportar para universos estrangeiros, deslizar na experiência do outro ou outra, se aproximar do outro que vive em nós mesmos, domesticá-lo, temê-lo menos. Para conhecer as soluções que outros deram para o problema de estar de passagem pela terra. Para habitar o mundo poeticamente e não apenas estar adaptado ou inadaptado a um universo produtivista.

Esta leitura não é uma distração que desviaria dos verdadeiros combates. Os psicanalistas nos ensinam que, para poder tratar a realidade que nos cerca, o mundo real, devemos começar sendo capazes de imaginá-la. O imaginário põe em movimento, leva a outro lugar, faz surgir o desejo. A partir deste espaço pode nos ocorrer a ideia de transgredir os limites estabelecidos, de ser um pouco mais os sujeitos de nossas vidas, de nos rebelar.

Este imaginário se constrói fazendo uso de coisas múltiplas, imperceptíveis, sensações, emoções, rostos amados ou odiados, paisagens estranhas ou conhecidas, histórias de família, jogos, cenas vistas na televisão, na rua, frases recolhidas na escola, nos jornais, nos livros, no ônibus. Porém, essas coisas não se situam no mesmo plano. A televisão, por exemplo, é às vezes um meio maravilhoso que nos revela rostos do outro lado do mundo, mas quase sempre nos remete ao mesmo, a um mundo fechado, uma aldeia global. As novas tecnologias, fascinantes pelos encontros que facilitam, continuam tendo um acesso muito seletivo e raramente servem como veículo, ao menos por hora, de obras dotadas de qualidades estéticas.

A leitura de livros conserva assim algumas vantagens singulares. Na França, os adolescentes opinam que é precisamente o fato de abrir as portas ao sonho, ao imaginário, o que dá à leitura vantagens sobre o visual, tão presente em suas vidas. E ocorre com frequência que tenham tanto apego a alguns livros devido justamente a essa estranheza e não por sua proximidade.

Para concluir, gostaria de dizer desde já que não devemos ser ingênuos. Não vamos resolver os problemas do mundo facilitando o encontro das crianças com os livros. Talvez nem sequer consigamos lhes garantir uma trajetória escolar com êxito, nem que sejam mais virtuosos. Freud observava inclusive que os pervertidos e os neuróticos eram grandes consumidores de livros. E para acabar com outras ilusões, acrescentarei que também não estou convencida de que o fato de ser um leitor torne a pessoa mais respeitosa pelo outro, mais democrática, ainda que a leitura talvez seja um fator necessário, propício, porém não suficiente, para a democratização de uma sociedade.

Apologia do encontro

Então por que incitar as crianças a ler? De acordo com o que me disseram os leitores de diferentes meios, a leitura talvez seja uma experiência mais vital que social, ainda que sua prática desigual se deva em grande medida a determinismos sociais, e dela possam obter benefícios sociais em diferentes níveis. Mas esses benefícios vêm como algo mais. Se desde o início sua busca for privilegiada, se se reduzir a leitura a seus benefícios sociais, temo pela iminência do controle, da vontade de domínio e da "filantropia". A leitura talvez seja um gesto mais interindividual, ou transindividual, do que social. Ela marca a conquista de um tempo e de um espaço íntimo que escapam ao domínio do coletivo. E se a solidão do leitor frente ao texto sempre preocupou, é precisamente porque abre as portas a deslocamentos, a questionamentos, a formas de laços sociais diferentes daquelas em que cerramos fileiras, como soldados, em torno de um patriarca.

Para mim é importante que as crianças, e também os adultos, tenham acesso aos livros, pois a leitura me parece uma via por excelência para se ter acesso ao saber, mas também à fantasia, ao distante e, portanto, ao pensamento. Matisse, cujas viagens foram tão férteis à sua pintura, dizia que "a fantasia de um homem que viajou tem uma riqueza diferente da fantasia de um homem que nunca viajou".[17] Acredito que a fantasia de um homem, de uma mulher ou de uma criança que tenha lido possua também uma riqueza diferente da fantasia daqueles que nunca tenham lido; a fantasia, e em consequência a atividade psíquica, o pensamento, a criatividade. As palavras adquirem outras ressonâncias, despertam outras associações, outras emoções, outros pensamentos.

---

[17] Henri Matisse, *Écrits et propos sur l'art*, Paris, Hermann Collection Savoir, 1972, p. 211.

8.
DE PATO DONALD A THOMAS BERNHARD: AUTOBIOGRAFIA DE UMA LEITORA NASCIDA EM PARIS NOS ANOS DO PÓS-GUERRA

para Lola

É a idade em que a vida transcorre próxima ao chão; devo ter quatro anos. Eles, lá do alto, trocam palavras em uma língua da qual não entendo quase nada. E passam seu tempo indo cada vez mais para o alto, para mais longe: meu pai é astrônomo e minha mãe vive perpetuamente no mundo da lua. A distância entre nós é imensa, mas às vezes nos encontramos os três na mesma altura, o tempo de uma refeição. Ou colocam duas almofadas em uma cadeira e põem diante de mim potes de guache e papel para desenhar. E começo a pintar paisagens.

Aquela noite, eu estava em meu mundo de baixo. O livro que ele comprou para mim, meu pai o colocou no chão. Não me lembro de quem virava as páginas. Nem do que se tratava a história ou quem eram os personagens. A tal ponto que às vezes me pergunto se esse livro realmente existiu. Apenas uma coisa restou: é que cada página é um habitáculo. Fechado, o livro é completamente plano. Porém ao abri-lo, de repente se desprende uma imagem, e surgem animais coloridos, árvores. Ao virar a página, outra imagem se destaca, em relevo. Deslumbramento. É para mim. Um mundo para mim, na minha medida, do meu tamanho. Posso mergulhar em cada imagem. Eu que nunca sabia onde ficar, que perambulava tão próxima ao chão, tão distante deles, os do alto.

No início havia o livro animado, e também os da coleção do *Père Castor*. Michka é um ursinho que foge de casa, caminha pela neve, entra sozinho no bosque. No caminho encontra a Rena de Natal, e a acompanha em seu circuito. Quando chegam à última casa onde vive um menino doente, a Rena já não tinha nenhum brinquedo em seu saco. Então Michka suspira, contempla o bosque uma última vez e entra na cabana, senta-se dentro de um sapato e espera o amanhecer. Aquela imagem me deixava perturbada a ponto de me fazer chorar, nunca soube o porquê. Durante muito tempo pensei que me identificava com o ursinho e que chorava por sua liberdade perdida. Quem sabe também o urso representasse o ser que teria velado por mim a cada instante.

Os livros sabiam muito sobre mim, sobre meus desejos mais secretos, muito mais do que eu mesma sabia. Possuíam inclusive a estranha virtude de se dobrar aos desejos de cada um, de dizer algo diferente para cada um. Mas isso eu ignorava.

Um dia, de uma coleção do *Père Castor* surgiu uma cabra martirizada, do conto *La Chèvre de Monsieur Séguin* [*A cabra do senhor Séguin*]. Ela salta pela janela, corre para a montanha, que é tão bonita, e toda a montanha está em festa para recebê-la. Ao cair da noite chega o lobo. A cabra luta durante a noite toda. De manhã ela morre. Suplico a meus avós que mudem o final da história, que a contem de outra maneira, que deem uma oportunidade à cabra de se salvar. Se ao menos não tivesse lutado tanto. Toda essa luta em vão. O conto é atroz, e cada vez que o escuto tenho a esperança de que o final seja diferente. Porém, o lobo sempre despedaça a cabra que lutou para se defender a noite toda.

Os livros começaram bem, mas logo tomaram um caminho difícil. Na casa de meus avós ou na escola, contavam-me histórias que me assustavam, lobos que devoravam vovozinhas, crianças despedaçadas nas despensas, mulheres degoladas por ogros. Meus pais nunca leram histórias para mim.

No entanto, suas vidas transcorriam em meio aos livros, a casa estava repleta deles. Mesmo sem dinheiro, sempre vi meu pai com um livro em um bolso do casaco e dois jornais no outro. Sempre vi minha mãe na mesa da sala de jantar, cobrindo com sua escrita folhas de papel amarelo. Escrevendo histórias para os outros. Às vezes me dava um livro ilustrado, *Les Malheurs de Ysengrin* ou *Sambo le petit noir*, me deixava em companhia das imagens e voltava para suas fantasias. Sambo passeava pela selva com um guarda-chuva verde e babuchas. Quando os tigres queriam devorá-lo, entregava-lhes suas belas roupas. No final, as feras davam voltas ao redor de uma palmeira, cada vez mais rápido, e se transformavam em manteiga. Serviam para fazer crepes bem dourados. Essa transmutação me impressionava. Observava novamente as imagens, umas após as outras, olhava a lagoa de manteiga, ansiosa. Ouvia minha mãe cantar: "Uma laranjeira em solo irlandês, isso nunca ocorrerá, eu nos braços de um outro, ninguém jamais verá".

Quando completei dez anos, minha mãe desenhou para mim uma pequena história em quadrinhos, com crianças em um trem que se transformavam em lobos à medida que se afastavam de seus pais. Na vida real, tive muita dificuldade para me afastar de meus pais e recobrar um pouco de selvageria.

Na outra noite, lia para Lola, que tem dois anos e meio, as histórias de Philippe Corentin. Seu lobo é um antilobo, nao sabe realmente agir como um lobo. Quando se arrisca a entrar em uma toca, escorrega em cenouras e é incapaz de descobrir os coelhos escondidos atrás das poltronas. Então entra na banheira; está com um humor negro, pensa que ninguém o quer, que hoje é o dia do seu aniversário e que está sozinho, brincando com um barquinho na água. Até que percebe que os coelhos lhe haviam feito um bolo de aniversário. O humor desses livros de hoje é a minha vingança das terríveis histórias lidas em minha infância.

De Pato Donald a Thomas Bernhard

Aqueles relatos com final sinistro me advertiam do que me esperava se me atrevesse a transgredir as regras. A mentir. A desobedecer. A sentir vontade de fugir. Entretanto, eu não passava um dia sem que mentisse, sem que sonhasse em desobedecer, em fugir. Na escola, havia escutado meninas falarem de seus pecados ao sair do catecismo: uma reconheceu ter mentido, uma vez, dois anos antes; a outra tinha desobedecido, uma vez também, quando era pequena. Então eu era um monstro. E, além disso, pagã, como diziam as crianças virtuosas, e acabaria no inferno. Aprendi a fazer o sinal da cruz às escondidas.

Cada vez mais tinha medo da vida. E dos contos também, por contaminação, desde *La Chèvre de Monsieur Séguin* até *Barba Azul*. A tal ponto que não conseguia suportar nem mesmo sua presença física. Se eu descobria um único livro de Perrault ou dos irmãos Grimm em meu quarto, todos os ogros, os carrascos, as mulheres estranguladas ameaçavam surgir por entre as páginas e me pegar.

Dizem que os contos nos protegem dos fantasmas da noite, e que, diferentemente dos pesadelos, teriam a virtude de conter as sombras, de filtrar os fantasmas arcaicos: esquartejar, devorar, transpassar aqueles que amamos, temer que cometam essas mesmas atrocidades. Antes que me contassem que para salvar a Chapeuzinho Vermelho teriam de abrir a barriga do lobo e enchê-la de pedras, eu já devia estar apavorada com a ideia de que me abrissem a barriga ou me devorassem. Essas histórias davam forma a certas angústias que preexistiam. Mas por que então produziam em mim o efeito de pesadelos?

Se há algo que não me ajudou foi o prazer com que os adultos liam e reliam esses contos assustadores para mim, um prazer escuso que me impedia de jogar com o medo, refugiar-me em seus braços. Fiquei sozinha com meus medos, por muito tempo.

Os adultos, no mundo de cima, gostavam das histórias que terminavam mal. Deleitavam-se lendo-as às crianças. Ou gostavam das histórias sombrias, de outras épocas, com muitas palavras e nenhuma imagem. Ou muito poucas, uma imagem a cada cem páginas; para serem degustadas com parcimônia, como o chocolate. Eu devia ter uns oito anos. Meus pais tentaram me convencer a ler Júlio Verne, Stevenson. Eu me entediava. Mas eles tiveram a elegância de não insistir, e me deixaram voltar para minhas más companhias, as histórias em quadrinhos.

No ano anterior compraram regularmente a revista *Jornal do Mickey* para mim. Gostava do Pato Donald, que estava sempre enfezado, com um gênio impossível. Eu era um "anjinho", incapaz de expressar minha agressividade. Esse pato mal-humorado me dava um respiro. No *Jornal do Mickey* também tem Peter Pan, que voa até a Terra do Nunca levando as crianças atrás dele em fila indiana. A Terra do Nunca é como um livro animado: uma paisagem para mim, que me permite esquecer de todo o resto. Em minha memória se confunde com a Ilha dos Prazeres de Pinóquio, com suas paredes de chocolate e suas fontes de onde jorra suco de laranja; como seria belo viver ali!

Adorei ler Peter Pan. Não estava mais sozinha, estava com Peter, e minha revista era uma janela, uma toca pela qual eu deslizava para passar ao outro lado. Durante meses fui tomada por Peter Pan; adorava o verde de sua roupa, exatamente aquele verde. Não tinha nenhum medo do Capitão Gancho, nem do crocodilo: Peter era invencível porque era mais esperto. Obviamente, eu não voava como ele, estava condenada a ficar próxima ao chão. Obviamente, ele era um menino, e eu, uma menina. Pergunto-me se há uma única menina no mundo que pôde se identificar com Wendy, aquela insípida irmã mais velha, encarregada das tarefas da casa enquanto seus irmãos dançavam com os índios; ou com Sininho, a peste presunçosa.

De Pato Donald a Thomas Bernhard

Desse ponto de vista as coisas não melhoraram. A partir de então, escolheria todas as minhas leituras seguindo as recomendações de meu primo, quatro anos mais velho que eu e meu único preceptor até eu completar onze anos. Graças a ele, depois do *Jornal do Mickey* conheci essas maravilhas que se renovavam semanalmente, as revistas *Tintin* e *Spirou*. No início, me apaixonei por essas histórias tanto quanto me apaixonara por aquele que as havia aconselhado. Porém, pouco a pouco foram se emancipando e no final as desejei por elas mesmas. Durante vários anos, toda terça-feira corria para comprar *Spirou*, e toda quarta-feira, *Tintin*. Poucas vezes voltei a sentir, ao ler, um encantamento tão intenso como o daqueles momentos.

As aventuras de Tintin, as dos escoteiros da *Patrouille des Castors*, as de *Johan* — um jovem pajem da Idade Média com o corte de cabelo tipo cuia — ou as do aviador *Buck Danny*, eram mais uma vez histórias de meninos. Porém, o que eu podia fazer? Depois da fada Sininho havia a Castafiore de *Tintin* e a Seccotine de *Spirou*, uma secretária estúpida e pegajosa. Na *Patrouille des Castors*, um mundo exclusivamente masculino. Claro que existiam livros para meninas, os da *Bibliothèque Rose*, ou revistas como *Suzette* ou *Lisette*, mas eu me orgulhava de nunca tê-las aberto: de tanto querer agradar ao meu primo encantador, eu as julgava ingênuas e insuportáveis.

Graças a essas histórias, eu viajava novamente, a toda velocidade. Fugia das sombras dessa guerra que havia ocorrido pouco tempo antes de meu nascimento, essa guerra que quase podia ser percebida através dos olhos daqueles que a haviam vivido. Fugia de meu temor de que estourasse outra guerra, em um prazo que eu calculava a partir do intervalo transcorrido entre as que já haviam acontecido. Fugia de outros desastres, de outras guerras, das guerras internas da minha família, sobre as quais ninguém me falava, mas que eu intuía perfeitamente.

Enquanto lia minhas histórias ou colava em um álbum figurinhas de outros continentes que vinham com as barras de chocolate, minha mãe assistia na televisão à *Revista dos Exploradores*, e meu pai construía maquetes de barcos. Éramos uma família centrífuga, compartilhávamos isso, sonhávamos em soltar as amarras. Nossos sonhos faziam com que nos uníssemos e aí seguíamos, contemplando as manchas brancas dos mapas, sonhando com países selvagens, cultivando nossa parte obscura. Tornei-me antropóloga.

Um domingo, em um bosque, vi passar um grupo de escoteiros. Eles realmente existiam, e não apenas nos livros? Quinze dias depois eu estava de uniforme, e a vida era quase tão bela quanto na *Patrouille des Castors*: amigos, aventuras, noites, fogueiras, terras desconhecidas; outro mundo. Devoro o *Manual do escoteiro*, aprendo a fazer nós de marinheiro, a construir cabanas e pontes de corda, a fazer um fogo com um vento violento, a construir uma jangada, a fazer máscaras de teatro. A rastrear as pegadas de animais e observar as nervuras das folhas. Estou lendo o mundo, este vai crescendo, me deslizo por ele, saio de meu quarto. Enfim, estou descobrindo que se pode ter domínio sobre as coisas. Isso nunca havia me ocorrido na escola, onde a única coisa que aprendi, ou quase, foi a humilhação, o medo e o aborrecimento.

Na versão católica do *Manual*, aprendo secretamente uma oração. É que estou passando por uma crise mística, e toda noite rezo para que Deus proteja a mim e à minha família. Porém, não sei como rezar, pois cresço em uma família ateia. Em um número de *Spirou* conta-se a história de São Francisco Xavier, e consta que, um dia, o santo se flagelou para expiar os pecados do mundo. Caio de joelhos, como na imagem, pego minha régua de plástico e bato (de leve) em minhas costas.

Leio também a coleção *Signe de piste*, que são histórias sobre escotismo. Lembro-me apenas das ilustrações: meninos

De Pato Donald a Thomas Bernhard

loiros como os arianos. Nessa época, minha mãe estava lendo, em inglês, Emily Brontë. Tentou me convencer a compartilhar o seu prazer, sem muito mais êxito que com as histórias de Júlio Verne alguns anos antes. Eu continuava lendo com avidez meus livrinhos de aventura, meus romances policiais como *O Santo* e *Arsène Lupin*. Minha mãe assinou a revista para adolescentes *Top*. Eu corria para as fotos de Marlon Brando, sonhava com rapazes com jaqueta de couro.

Se passei para outras leituras, não foi graças à escola. Durante meu primeiro ano do ensino médio, a professora que deveria nos transmitir o amor pelo idioma francês nos infligia, com uma voz agonizante, o *Roman de Renart*, texto medieval obrigatório do programa. Nesse mesmo ano, nas aulas de história, descobríamos o Egito, a Grécia e Roma. No ano seguinte, enquanto em história estudávamos a Idade Média, ela nos impunha *Les Fourberies de Scapin*, de Molière, com a mesma voz lúgubre. Nunca nos passou pela cabeça que poderia existir a menor relação entre o que estudávamos em história e em francês.

No início de cada aula eu desenhava sessenta pauzinhos, e os ia riscando de minuto a minuto. A escola fez com que os textos clássicos se tornassem ilegíveis para mim, e até hoje não consegui superar isso. Nunca tive a sorte de ter um desses professores que fazem acreditar que esses livros foram escritos unicamente para você, que são frescos como leite recém-ordenhado, sentimento que mais tarde um crítico maravilhoso, Michel Cournot, despertaria em mim: uma manhã, aos vinte e cinco anos, desci correndo cinco andares para comprar um texto de Chrétien de Troyes, após ter lido um artigo seu intitulado "Quase não nevou sobre você".

A escola não me fazia sentir que aquilo que era ensinado podia ter algo a ver comigo. Se aprendi alguma coisa durante esses anos, devo isso a meus pais: minha mãe me fazia ditados e me explicava a estrutura da língua. Levava-me às vezes para recolher pedras, quando a geologia era para mim um pesadelo. Antes de cada exame de final de trimestre, meu pai estudava matemática comigo e, em um fim de semana, me colocava a par da matéria. Ambos me mostravam que existia ali um espaço de prazer ou de liberdade, ao dar um giro sintático mais eloquente ou ao escolher uma demonstração matemática mais elegante. Embora tenha passado as horas de aula desenhando riscos, sempre passei de ano sem dificuldade.

Em casa havia estantes de livros por todos os lados, ocupavam todo o corredor. Um dia decidi que os dorsos dos livros eram sinistros e que ficariam melhores se fossem cobertos por fitas adesivas de todas as cores. O mais incrível foi que consegui convencer meus pais e eles até me deram dinheiro para comprar as fitas. Comecei a cobrir integralmente todos os dorsos, alternando as cores: vermelho, verde, azul, amarelo. Chegada a vez de Aragon, quando terminei de cobrir *Os comunistas* e *O camponês de Paris*, me dei conta (ou me sugeriram) que era pouco prático não poder ler os títulos. Então cortei uma janelinha nas minhas fitas coloridas.

Eu tinha doze anos. Ficava muitas vezes sozinha em casa. Entre duas sessões de recortes, eu fuçava, ávida por conhecimentos sobre os segredos do sexo. Havia já algum tempo que tinha compreendido que os livros eram um meio privilegiado para se aproximar do tema. Muitos anos atrás, meu primo havia se vangloriado de possuir um livro (que tinha em sua casa, a trezentos quilômetros da minha, inacessível para mim, sem contar que eu "não tinha idade para essas coisas") com lâminas anatômicas que se podia ir despindo como uma boneca. Nessa época passávamos horas brincando de médico, e a diferença dos sexos já não tinha segredos para nós. Por que a ideia de que essas lâminas que se podiam desfolhar permitiriam um saber maior do que nossos trabalhos práticos? Essas brincadeiras nos deixavam na porta, do lado de fora. O livro prometia nos levar mais longe, ou mais perto: alcançar um sentido oculto do essencial, como se fôssemos "ver", enfim, como havíamos chegado ao mundo. (Parece que ouço a voz do psicanalista em sua poltrona: "Ver seus pais enquanto a concebiam? Era essa a cena de guerra da qual tanto fugiu, dissimulando-a com histórias em quadrinhos?" Provavelmente, sim.)

Fuçava por toda parte. Claro que tive encontros ruins: em um livro intitulado *Explorações*, a foto de um ritual de iniciação no qual um adulto segurava um jovem apavorado, enquanto outro colocava na cavidade do estômago uma placa repleta de insetos — imagem cujo sadismo ao mesmo tempo me repugnava e me fascinava —; no catálogo da exposição *The Great Family of Men*, uma série de fotografias de partos que me enchiam de terror; os *Trópicos* de Henry Miller, censurados durante anos por sua pornografia; uma passagem de *A égua verde* de Marcel Aymé, que evoca um pai que violava suas filhas quando elas chegavam à puberdade. E, assim como havia sofrido sozinha meus medos infantis, agora estava sozinha com minhas descobertas, com meus fantasmas que me agitavam, sem poder dizer nenhuma palavra a ninguém.

Da cabra martirizada às filhas violentadas pelo pai, das mulheres que davam à luz em meio a um mar de sangue àquelas cujas saias eram levantadas por Miller sem consideração, o destino que os livros me mostravam era assustador. Meus pais deveriam ter tirado esses livros das estantes, confinando-os em algum inferno? Mas nesse caso, teriam de desaparecer com metade da biblioteca. Entretanto, me faltaram palavras diferentes, e alguém que as dissesse para mim.

Em um gesto que poderia ser considerado audacioso para a época, deram-me uma página da revista *L'Express* que reproduzia fragmentos de um manual sueco de educação sexual. Minha mãe afastou-se rapidamente de meu quarto como se tivesse acabado de colocar uma bomba em minhas mãos: "Assim você saberá tanto quanto os pequenos suecos".

O texto falava da borboleta do papai que pousava na flor da mamãe. Era muito pouco para enfrentar Miller.

Um novo acontecimento político também contribuiu para que eu começasse a ler algo além das histórias em quadrinhos. Enquanto eu cobria os dorsos dos livros com fita adesiva, De Gaulle havia chegado ao poder. E nosso vizinho foi chamado para participar do gabinete de André Malraux, recém-nomeado ministro da Cultura, porque no período da Resistência havia assassinado um colaboracionista de alto escalão. À parte essa ação de armas, o vizinho nunca fez nada além de pescar. Nada lhe aborrecia tanto como a cultura, e despejava sobre meu pai todos os convites para eventos culturais que chegavam a seu gabinete. Foi assim que, ao longo dos anos Malraux, fomos beneficiados com os melhores lugares nos teatros subsidiados de Paris, inclusive com o camarote do próprio ministro.

Descobri todo o repertório clássico. Molière me encheu de prazer; a paixão das protagonistas racinianas e o drama dos átridas, na versão de Giraudoux, me perturbaram; e o *Diálogo das carmelitas* de Bernanos me apavorou no momento em que a madre superiora gritava de repente seu medo de morrer.

Na *Comédie Française* os textos clássicos ganhavam vida, dançavam o minueto, riam, estremeciam. Eram amigos: amigos elegantes que íamos ver com nossas melhores roupas e bebendo Schweppes no intervalo, o que me parecia ser o máximo do refinamento. Mas nunca imaginei que pudessem servir a uma atitude afetada. Meus pais viviam com naturalidade entre os escritores, poetas e pintores, de sua época ou de tempos passados, por curiosidade, por amor à poesia e pelo humor. Por um desejo de compreender melhor sua condição humana e o mundo. Era a única coisa que eles partilhavam.

Aos treze anos, partimos para a América Latina, onde meu pai ocuparia um novo cargo. Continuei recebendo *Tintin* e *Spirou*, porém já não me interessavam tanto. Uma outra busca me atormentava: estava apaixonada, eternamente apaixonada. Toda noite ia dormir me imaginando nos braços de alguém, que mudava muitas vezes de rosto e algumas de sexo (antes tinha um ursinho, dormia agarrada a uma de suas patinhas).

Os livros cobertos de fita adesiva ficaram na França. Comecei a atuar na companhia teatral da Aliança Colombo-Francesa, representando pequenos papéis. Assim, confiaram-me as chaves dos armários de livros da biblioteca. Passeava entre as estantes, pegava um livro, outro. Peguei emprestadas todas as obras do teatro francês que encontrei, dezenas de obras, de todas as épocas. Era apenas um pretexto para encontrar um papel que possibilitasse me imaginar envolvida nos braços do ser amado. Quando já não tive necessidade daquele subterfúgio para me encontrar nos braços de alguém, o teatro deixou de me interessar tanto.

Eu continuava estudando por correspondência. De vez em quando visitava outra biblioteca, a do Instituto onde meu pai dava aulas, com paredes de tijolos e grandes janelas envidraçadas. Gostava de seus pátios com plantas tropicais, da modernidade desse lugar. A bibliotecária me estimulava a explorá-lo em total liberdade. Sentada no chão, percorria febrilmente a coleção da *National Geographic Magazine* levada por um professor pouco preocupado em seguir o programa, que nos incitava toda semana a fazer uma pesquisa sobre o país em que vivíamos. Era a primeira vez que fazia minhas tarefas com prazer, a primeira vez que um professor se interessava por meu trabalho e me escrevia com entusiasmo. Esmerava-me em meus trabalhos sobre a cultura do café ou sobre a arquitetura colonial para esse destinatário tão atento. Ao meu lado trabalhavam pesquisadores, estudantes. Eu não cabia em mim de orgulho.

Estava encantada; já não tinha de suportar o colégio. Os *Lagarde et Michard*, esses livros didáticos que transformaram a história da literatura francesa em um calvário para várias gerações de crianças, já não me impediam o acesso aos textos. Seguindo o mesmo estilo de busca que eu havia experimentado na biblioteca familiar, nas estantes da Aliança Francesa da Colômbia ou na biblioteca com plantas tropicais, examinava as páginas, saltando as notas e os comentários fúnebres para ir diretamente aos textos. E às vezes encontrava algo. François Villon e sua "Balada dos enforcados", suas rimas de vagabundo, tão humanas, escritas há cinco séculos. La Rochefoucault, que colocava a nu os impostores e dizia por fim a verdade: livrou-me das meninas com voz açucarada que, no pátio do recreio, haviam confessado terem pecado uma única vez. Eu não estava louca, não era um monstro. Tomei emprestadas as *Máximas*, que li rindo, e reli encantada.

Do Pato Donald a La Rochefoucauld, de Freud e Lacan, que contaram tanto em minha vida, a Thomas Bernhard, um de meus escritores favoritos, havia um fio condutor: todos esses desencantados pulverizam os discursos dos padres. Sua lucidez, longe de ser desencorajadora, me parece o único caminho para que haja um pouco menos de barbárie. Como se com eles o desastre pudesse se transformar em uma promessa. Inversamente, as pessoas virtuosas, os puros, os que se recusam a reconhecer a sombra, o medo e a falha, sempre me inspiraram temor. E a literatura que atravessa bosques, labaredas, desespero, sempre me interessou mais e, paradoxalmente, por uma curiosa transfiguração que talvez seja sua própria essência, me deu um consolo maior que a que compila os pequenos prazeres.

Também teve Montaigne. O capítulo "Da amizade". Finalmente encontrava palavras para nomear o que sentia: quando amava um rapaz, isso se chamava amor; quando amava uma mulher, com uma paixão semelhante à que Montaigne sentia por Boétie, isso se chamava amizade. Assim, tudo estava em ordem na minha vida, da mesma forma que tudo estava em ordem nos livros. Ninguém nessa época havia se atrevido ainda a falar da homossexualidade de Montaigne.

Quando voltamos à França, eu tinha quase dezesseis anos. Regressei ao colégio depois de três anos de liberdade. Outra vez o rebanho, a blusa de cor bege, o olhar dos inspetores que procuravam o menor sinal de maquiagem, que mediam o comprimento da saia ou inspecionavam o corte de nossas calças. Eu sufocava; de repente, o mundo havia se encolhido sob meus pés. Estava perdida, ainda detesto aqueles anos. Tentei fugir copiando em um caderno poemas de Rimbaud, Éluard, Apollinaire, Prévert. Li *Noces* [*Núpcias*] de Camus, *Les Nourritures terrestres* [*Os alimentos terrestres*] de Gide, *O belo verão* de Pavese; estava em busca de um Sul mítico. Não escapei de Sartre e de Simone de Beauvoir. Ela abria às mulheres as portas de uma profissão intelectual, cujo preço a pagar era muito alto: se distanciar das crianças, passar por cima do próprio corpo. Ao menos ela tinha um mérito, nesse mundo antiquado de antes de 1968: suas memórias eram lidas como guias de viagens.

Chegaram os anos de universidade. Meus pais haviam imaginado para mim uma carreira de engenheira em física nuclear, como Marie Curie. Por mais paixão que tivessem pelos livros, pintura, dança, cinema, na hora de escolher uma profissão eles não brincavam. As carreiras literárias, e principalmente as artísticas, eram boas para as moças da antiga burguesia. Eu pertencia a uma classe média em ascensão social: era preciso ser moderno, de sua época, e as ciências representavam essa modernidade. Meu pai preferia que eu dedicasse dois anos para conseguir um *baccalauréat* em matemática do que apenas um ano para obter o *bac* de letras.

Como Simone de Beauvoir, me incitaram ao neutro, a apagar meu corpo e minha sensibilidade. Havia algo em mim que não era lícito. Devia levar uma vida ordenada e, apenas de noite, me consolar com os livros e os sonhos.

Tinha curiosidade pelo mundo, me inscrevi em sociologia. As "ciências humanas" eram uma maneira de conciliar as letras e as ciências. Muitas vezes me entediava. Havia algumas chaves para entender nosso século, mas, quanta poeira, quanto cientificismo, jargões especializados e dogmatismos! Como no dia em que um grande professor da Sorbonne decretou que, se queríamos entender algo da sociedade, havia uma leitura da qual devíamos sempre nos preservar: Freud. Evidentemente, ao sair da classe corri para comprar aqueles livros que cheiravam a enxofre, sobre os quais minha mãe já havia me falado. E nunca mais os abandonei.

Não suportava o colégio, mas na universidade não me senti mais à vontade — e toda minha vida me senti à margem das instituições. Felizmente, podíamos escapar das aulas, vagar pelas ruas, ir a cafés, cinemas, ler. Desde meus anos latino-americanos estava acostumada a trabalhar sozinha; cabular aulas virou uma cultura. Em Breton encontrei um modelo: viveria como em *O amor louco* ou *Nadja*; adorava seu gosto pelo maravilhoso, pelo amor, pelos passeios na cidade, seu compromisso político; sua curiosidade pela psicanálise, seu dandismo. Seu desejo de viver tudo isso em um só movimento. Uma vez mais, os livros me diziam que eu não estava louca, e que existiam maneiras distintas de viver e de pensar. Comecei a viajar, buscando atalhos, e a cada verão descobria que a Terra do Nunca existia: o Mediterrâneo.

Maio de 68 chegou. Caminhei pelas ruas, observei as pessoas discutindo ao longo do bulevar Saint Michel, outras que tocavam piano na velha Sorbonne. O mundo mudava. Mas algo me impedia de desfrutar da festa: estava sofrendo de amor. A literatura me salvou. Em busca de uma língua que me aproximasse das origens, me inscrevi na Escola de Línguas Orientais para estudar grego moderno. Ali, aos vinte e

De Pato Donald a Thomas Bernhard

dois anos, descobri que um professor podia me oferecer o mundo. Enquanto seus colegas mandavam repetir fórmulas que pareciam tiradas do método Assimil, Christos Papazoglou nos lançava nos poemas de Elytis, Kaváfis ou nas canções dos fumantes de ópio. Abriu para mim uma longa etapa oriental, onde escritores me levariam do sul da Espanha e da Itália até as terras do Levante. Li com fervor Vittorino, García Lorca, Schéhadé, Maiakóvski, Nazim Hikmet, Fadhma Amrouche, Séferis, Kazantzakis, cuja *Carta ao grego* levava sempre comigo na mochila, como se fosse uma Bíblia, Homero... Enfim, sentia-me em casa.

Ao longo de toda a minha vida só me senti em casa durante alguns furtivos momentos de graça: nos braços de quem amei, em meio a algumas paisagens, algumas pinturas e nos livros. Quando me faltavam alguns, corria para outros. Agradeço-lhes por existirem.

Voltei a encontrar a literatura depois de dezessete longos anos, nos quais o amor havia afastado a urgência de escutar a voz dos escritores. Dei continuidade a minha etapa oriental com Erri de Luca, Marina Tzvietáieva e Orhan Pamuk, e a ampliei para abarcar a Europa Central — esses imensos irmãos —, com Rilke, Nizon, Kleist, Bernhard, Bouvier, Ramuz. Estendeu-se ao mundo, a autores que ia descobrindo dia após dia nas livrarias; inclusive a meu próprio país, onde Genet, Bonnefoy, Claudel, Michon, Proust, Duras, Bobin, Calaferte e alguns outros me consolavam de uma paixão impossível e conseguiam se colocar à altura de meu sofrimento.

Reconstruí minha morada, porém a literatura continuou sendo indispensável para mim. Porque na cidade onde vivo, que é uma das mais charmosas da Europa, as pessoas não param, como em todos os lugares (talvez ainda em um grau maior), de repetir os mesmos convencionalismos, os mesmos jargões, os mesmos comentários. Estamos doentes da linguagem, somos melancólicos, previsíveis: já sei de memória o que vão me dizer, eu mesma repito frases feitas, murmuro fórmulas. Sinto-me envergonhada. Isso já ficou um pouco para trás, estou mais tolerante. Sei que não se pode ser original o tempo todo. Entretanto, à noite, procuro palavras que não estejam cobertas de pó nem alteradas por frases trilhadas. Leio. Os livros me lançam nas estradas.

Ao reler minha história de leitora nascida em Paris nos anos do pós-guerra, reconheço muitas vivências que se parecem com as que me contam os jovens leitores de hoje: a descoberta de um mundo, de uma paisagem própria durante a infância; a leitura como fuga, como escapatória — fora dos muros da família e da casa —; o arrancar-se da solidão; o consolo; os encontros que ajudam a expressar o que a pessoa é; a revelação vital de que existem outras vozes além das que não são impostas; o tédio que produz o estudo de autores clássicos na sala de aula, salvo quando um professor transmite sua paixão; a transição para outras leituras em busca dos segredos do sexo. O fato de uma pessoa ler por motivos que não têm nada a ver com o gosto desinteressado pelo bem ou pela beleza. Toda minha vida li por uma curiosidade insaciável, para ler a mim mesma, para colocar palavras sobre minhas feridas ou temores, para transfigurar meu sofrimento, construir um pouco de sentido, salvar minha pele. Recolher notícias do mundo. Minha história, como todas as histórias de leitores, avança em linha pontilhada, a partir de alguns fragmentos, cenas primárias em cuja prolongação vieram se inscrever minhas leituras posteriores. Em contrapartida, foram muitos os livros que li em minha infância ou adolescência, de *Bécassine* a *Alice no país das maravilhas*, do *Pequeno príncipe* a *Zazie no metrô*, por exemplo, que só me distraíram ou me aborreceram no momento, sem deixar marcas.

Reconheço também algo que disseram leitores ou escritores nascidos em países colonizados: a língua e a literatura às vezes não concedem nenhum espaço; porém, quando chega o momento, podem fazer com que digam outra coisa.

De Pato Donald a Thomas Bernhard

Eu lia apenas histórias para meninos. E no fundo isso não mudou: se observo as estantes de minha biblioteca, continua sendo um mundo de homens, em uma porcentagem de 95%; homens, muitos dos quais não escondem sua misoginia. Muitas vezes pensei que as mulheres não são rancorosas, pois elas são as que mais leem, apesar de serem ignoradas ou satanizadas por tantos livros. Embora alguns dos escritores mais lúcidos confessem que a escrita lhes foi transmitida por uma mulher, sua mãe ou avó, ela foi o instrumento para que prescindissem das mulheres.

Quando eu era criança ou adolescente, não encontrei as palavras nem as imagens que expressassem a menina que eu era. Encontrei apenas meninos com destinos invejáveis. Os livros que descobri nessa época me revelaram meu lado moleque, aventureiro. Para descobrir a mulher que era, só me restava o amor. A psicanálise. E talvez a escrita.

A escrita foi algo proibido durante anos. Aos meus olhos, era o privilégio de minha mãe. Tocá-la era como roubar seus vestidos. Quando tinha de lhes escrever um cartão-postal, me sentia como se estivesse dentro de um provador, sob uma luz de néon: "Queridos pais, estou bem, me alimentando bem, me divertindo bastante. Até breve". Para recuperar minha língua, para poder habitar minha língua materna, tive de dar uma longa volta. Uma volta por outras sonoridades, outros países. Aos vinte e cinco anos, quando me formei na Escola de Línguas Orientais, por um momento tive vontade de seguir a carreira de tradutora literária. Porém eu mesma me proibi e me afastei das letras. Não que eu tenha deixado de ler ou de escrever. Mas durante muito tempo ganhei minha vida redigindo páginas sobre assuntos muito entediantes, que outros assinavam. Trabalhei o mais longe possível de mim mesma, daquilo que eu amava.

Um dia, durante uma sessão de psicanálise, surgiu uma associação a partir de um sonho: se tratava do momento em que Tintin, depois de ter percorrido o mundo à procura de um tesouro, descobriu que ele estava escondido bem debaixo de seus pés. Percebi que, várias vezes, para minha surpresa, alguns de meus sonhos e associações se originaram em *Tintin*. No dia seguinte foi uma fotografia de Boubat que me veio à mente: em um jardim de outono, uma menina fez um vestido com as folhas caídas. Peguei algumas folhas de papel e comecei a escrever.

Janeiro de 1999

SOBRE A AUTORA

Michèle Petit é antropóloga, pesquisadora do Laboratório de Dinâmicas Sociais e Recomposição dos Espaços, do Centre National de la Recherche Scientifique, na França, no qual ingressou em 1972. Inicialmente trabalhou ao lado de geógrafos em projetos que diziam respeito a países em desenvolvimento; mais tarde sua formação intelectual, que inclui o estudo das línguas orientais vivas e o Doutoramento em Letras e Ciências Humanas, foi profundamente marcada pelo encontro com a psicanálise.

A partir de 1992, o interesse crescente pela dimensão simbólica orienta suas pesquisas para a análise da relação entre sujeito e livro, privilegiando a experiência singular do leitor. Coordena, então, um estudo sobre a leitura na zona rural francesa e, logo depois, uma pesquisa sobre o papel das bibliotecas públicas na luta contra os processos de exclusão e segregação, tendo por base entrevistas com jovens de bairros marginalizados.

Nos anos seguintes, aprofunda suas reflexões sobre a contribuição da leitura na construção e reconstrução do sujeito, e desenvolve um estudo sobre as diversas resistências que a difusão da leitura desencadeia. Desde 2004 coordena um programa internacional sobre "a leitura em espaços de crise", compreendendo tanto situações de guerra ou migrações forçadas como contextos de rápida deterioração econômica e grande violência social.

Com obras traduzidas em vários países da Europa e da América Latina, Michèle Petit é autora dos livros *Nuevos acercamientos a los jóvenes y la lectura* e *Del espacio íntimo al espacio público* (ambos publicados em espanhol, no México, em 1999 e 2001, respectivamente); *Éloge de la lecture: la construction de soi* (2002) e *Une enfance au pays des livres* (2007), entre outros. No Brasil, a Editora 34 publicou *Os jovens e a leitura*, em 2008 (que recebeu o selo "Altamente Recomendável" da FNLIJ), *A arte de ler ou como resistir à adversidade*, em 2009, *Leituras: do espaço íntimo ao espaço público*, em 2013, e *Ler o mundo: experiências de transmissão cultural nos dias de hoje*, em 2019.

Este livro foi composto em Sabon,
pela Bracher & Malta, com CTP da
New Print e impressão da Graphium
em papel Pólen Soft 80 g/m² da Cia.
Suzano de Papel e Celulose para a
Editora 34, em outubro de 2021.